脱構築と公共性
DECONSTRUCTION AND PUBLIC SPHERE

梅木達郎
UMEKI Tatsuro

松籟社
SHORAISHA

脱構築と公共性　目次

脱構築と公共性

脱構築と公共性――この二つの問題は個別に論じられてはきたものの、おたがいの関係についての直接的な問いかけは、これまであまりなされてきてはいない。両者は問題を設定する、異質な二つの思考方法にとどまるのだろうか。

どちらもアイデンティティの政治を批判する。どちらも自己同一性への閉塞を批判し、むしろ他者へと開きながら自己関係を解体しようとする。あくまで自己中心的であろうとする主体を、複数の他者のあいだに置き、他なるものへとさらけ出す。自己が、他者との共在のなかでしか自己たりえないことについての問題提起という点で、脱構築と公共性ははるかに呼応している。

だが、問題に対する両者のアプローチは同じではない。そこには対立とは言わないまでも、哲学的思考と政治的思考が異なっているように、なにか重大な相違が存在するように思われる。ごく簡略に言ってしまえば、自己性を脱構築しつつ他者に向かおうとする思考と、公共的な複数の他者から出発して自己を解体しようとする思考は、けっして同じものではない。そうした違いを解きほぐし、二つの思惟のあいだにありうべき対話をつくりだしてみること、これが本書のねらいである。より具体的には、もっぱらデリダとアーレントのテクストを読みかえし、そのあいだを往還しながら、対話の糸口を探る試みである。

それぞれの章は、脱構築と公共性がともに関心を共有している問題を取りあげている。Iでは、二つの思考の違いを、正義と倫理の可能性について論じながら浮き彫りにしてみたい。IIでは、公共領域における「人間」を、脱構築された主体と接近させる形で考察する。IIIでは、正義がどのように表象されてきたかを、西部劇を例に検討し、起源の暴力とその隠蔽の問題についてのデリダとアーレントの議論をクロスさせてみたい。IVでは、いわゆる「公共性」の概念をカタストロフィックな状況に適用し、自己中心性が他者との関係性に反転する様を検討する。それは、自己性の脱構築と、他者性の公共性が、究極的に一致しうるものとなる可能性を模索するためのものである。

他者を自己関係性のなかに取り込むのではなく、逆に自己を複数の他者にさらすこと——それは、本来自己中心的なものである思考にとってけっして容易な仕事ではない。まさにこの困難を、脱構築と公共性の思考は共有しているのであり、またこうした困難の認識こそが、本書の考察を貫くものとなるだろう。

DECONSTRUCTION AND PUBLIC SPHERE

I 法と正義のあいだに

――デリダ、ベンヤミン、アーレント

存在するなにものも、それが出現するかぎりにおいて、単独には存在しない。[…] この惑星に住んでいるのは〈人間というもの〉ではなく、多数の人間たちである。複数性は、この地球の掟である。

(Hannah Arendt, *The Life of the Mind*, A Harvest Book, 1971, p.19.)

開かれた政治的自由の空間創設をめざす公共性の思考が提起する問題は、脱構築と無縁なものではない。それどころか近年のデリダの仕事は、脱構築がもつ政治的な射程をいっそう強調する方向に向かっているように思われる。たとえば、政治的な決定や制度の根拠そのものに、ダブルバインドや決定不可能性や遂行論的《パフォーマティヴ》矛盾を見いだすことによって、法や制度の暴力性ないしは無根拠性を明らかにする作業がそれである。そもそも現前の形而上学批判として始まったデリダの仕事は、あらゆる次元での「固有性」を問題化し、それに付随する二項対立の転倒ないし不安定化を試みる点で、はじめから政治的な問題設定を含んでいた。現前性にもとづく真理や正当性、根源あるいは支配としての起源《アルケー》、異者を排除する同一性、これら「固有で本来的なもの」にもとづく階層的二項対立――たとえばロゴス・ファロス・西欧人間中心主義――を揺さぶり解除することは、支配／従属や同化／排除の構造を宙づりにし、劣位の存在に解放的な作用をもたらすことになる。政治的なものが、いまだ形而上学的な仕方で、あるいは超越的ないし超越論的な仕方で、伝統的な「主体」概念の上に基礎づけられているかぎり、脱構築は政治的言説に対するもっとも有効な批判となりうるものである。

とはいえ、脱構築的な観点から政治的な問題にアプローチすることにもっとも慎重であったのが、デリダその人であることも忘れてはならない。法や正義、倫理や政治的判断の問題を前にして、しばしば留保や回避、中断ややり過ごしといった判断停止をおこなう傾向があったことを、彼はジャン＝フランソワ・リオタールをめぐるコロキウムで打ち明けている。すべての権威を疑う脱構築は、一切の根拠や基準を掘り崩すことによって、判断自体を不可能にしてしまいかねないのだ。

「どうやって判断するのか?・」(Comment juger ?)という問いは、まさに判断を中断するような留保の力のなかにあり、いくつものイントネーションによる語用におかれうるものだが、それは次のことを伝えるべくある。つまり、決定不可能なもの、あるいはダブル・バインドを前にして、みずからの無能力を認める者の、無力、不安、恐れ、もしくは後退を。判断することができないのに、あるいは判断すべきではないのに、あるいはその方策も権利もないのに、どのように判断したらよいのか？　また判断する義務はあるが、権利はないとするならば？　判断する権利も能力も方策もないが、しかし判断を下さないわけにはいかないなら、いったいどのように判断したらよいのか？　判断の基準もないというのに。[☆1]

脱構築においてはむしろ基準の不在が法であり、根拠の不在が一切の根源にある以上、そこでは判断一般がなにか不可能なものとして現れてくる。そもそも「AはBである」という古典的判断においては、判断の両項であるAとBが判断に先立って与えられていなければならず、またそこでは、主語への属性付与という形で、その「本質」が事実確認的な仕方で述べられる。こうした古典的判断にいまだつきまとう「理論的＝存在論的装置のすべて」[☆2]を問題にしてきたのは、ほかならぬ脱構築の思考だったのである。そうした理由からして、判断という「主題」から距離をとる必要があったと、デリダは認めているのである。「結局のところ、差延や決定不可能性などについての言説はすべて、あらゆる形式における判断（述定的で、規範的で、つねに決定的な判断）についての留保の機構とみなすこともできる」[☆3]。かくして脱構築を一見特徴づけているのは、判断を下すことよりも、判断以前的なものへの問いかけであり、判断の停止ということになるだろう。

このような判断停止《エポケー》が、われわれの時代《エポック》そのものを特徴づけるものであることをデリダは指摘している。

それは第一に、現象学によって［……］すなわちエポケーによって特徴づけられる。エポケーとは、現実存在の措定――それはつねではないにせよ、しばしば判断の形式をとる――を中断することである。すなわち経験に横たわる述部に沈殿した意味の層を取り出すことであり、知覚という先‐述定的な基盤にまでさかのぼって、判断を系譜的に調べあげることである。第二に、ハイデガーの思索によって特徴づけられる。その思索の道程のすべては、判断の形式から逃れる真理を経由している。合致（*adaequatio*）としての真理は、本質的に判断に、命題に結びついている。すなわちこの真理は、判断によらない前判断的な露現（dévoilement）に、それとは別の真理に根拠づけられている。アレーテイア（非秘匿性）は判断には結びつけられない。[☆4]

デリダは続けて、精神分析の「否認」の概念を例に、「AはBではない」が「AはBである」に反転しうるがゆえに、いわゆる述語判断が無効化される場合に言及している。かくして判断中止は脱構築にのみ限られるものではない。現象学やハイデガーが、つまり先‐述定的な経験や前命題的な開示に根拠を求める哲学的な思惟が、ラカンの精神分析とあいまって、判断をなにか二次的で非本質的なものとみなしてきたのである。だが、だからといって判断の問題を厄介払いしたことにはならないと、デリダはすぐに付け加える。「こうした判断留保のみかけのもとに、ある判断が居座り回帰してきて、そこに不在であるように見せかけながら、否認されているがゆえになおいっそう仮借なき暴君として場を支配している、ということを示すのは容易だろう」[☆5]。結局のところ、判断をもはや通用しないものとすること、つまり判断の問題を否認してしまうことは、すでに予断であり、じつは「巨大な前-判断」[☆6]を含んでいるおそれがある。

このように、脱構築やエポケーの時代の思惟を舞台に、判断の問題の否認と抑圧されたものの回帰が演じられている。重要なのは、判断や決定の問題に対する脱構築との緊張関係が、哲学と政治という大きな対立のなかに書きこまれている、ということだ。この対立は、ハンナ・アーレントによれば、カントを経由してギリシアの思惟にまでさかのぼって見いだすことができる。

判断する能力は、まさしくカントが示したような意味での、もっぱら政治的な能力である。すなわちそれは、物事をその人自身の観点からだけではなく、そこに居合わせた人びとみんなのパースペクティヴで見る能力である。またさらには、判断力によって人は公的領域のなかで、共通世界のなかでみずからを方向づけることができるようになるかぎりで、判断力こそは人間の根本的な能力の一つである。こうしたことは、政治的経験がはっきり述べられるようになるのと同じぐらい古くから潜在的にあった洞察である。ギリシア人たちはこの能力をフロネーシス（φρόνησις）、すなわち洞察力と呼び、哲学者の知恵から区別した。この判断する洞察力（judging insight）と思弁的な思考（speculative thought）との違いは、前者は共通感覚とふつう呼ばれているものに根ざすのに対し、後者はいつもこの共通感覚を超越する点にある。☆7

アーレントはここで、他の人びととの共在においてのみ通用する政治的洞察と、いわば哲学者がたった一人でおこなうことができ「共通感覚を超越する」ような思考を区別した。つまり政治的判断は、哲学的な真理の探究とは別の仕方でおこなわれる経験なのである。この区別そのものについては今後検討していかなければならないだろうが、さしあたりこのアーレントの言葉によって、政治と哲学のあいだには緊張を孕んだ分節の関係があり、それが西欧の思惟の歴史全体を貫いて、たとえばデリダによる判断の問題との格闘にまでつながっていることを確認しておこう。さらに言えば、本書の『脱構築と公共性』というタイトルは、現代のコンテクストにおいて政治と哲学――あるいは政治と真理――を新たに分節する試みを示しているのである。

法の前のデリダ

カフカの『掟の門前』読解でデリダ自身が示したように、法が、その法への接近不可能性によって、法に到達することの果てしない遅延によって、まさに法たりえているとするならば、『法の力』[☆8]は奇妙なテクストであると言わねばならない。なぜならそこでデリダは、「法」をめぐってどこまでもなされる言説の迂回や遅延を、なにか許されないもの、不当な、あるいは正当化されえない留保でもあるかのように語っているからである。ニューヨークのカードーゾ・ロー・スクールでおこなわれたコロキウムの基調講演冒頭からして、デリダが語る「脱構築」と「正義」との関係は、異様な緊張に満ちている。例によってコロキウムのタイトル分析から話を始める彼は、「脱構築と正義の可能性」という題そのものに、なにか詰問めいた「不信感のあらわれ」[14, 六]を感じている。脱構築は「正義」の問題に取り組むのではなく、むしろたえず延期し迂回することによって、それを回避する口実となっているのではないか、という不信である。そして架空の質疑応答を展開する。曰く、脱構築は正義の可能性を確保し正当化してくれるものであるか、否か。脱構築は法に対する脅威であり、正義の可能性の条件を掘り崩してしまうものであるか、否か。多くの法律の専門家を前にして脱構築を弁明するかのように話すデリダは、明らかに法の番人によって尋問を受ける者の位置に自分を置いており、コロキウムの場をあえて「拷問装置」[15, 八]にたとえるまでになる。

拷問——それは語らないでいるのを許さないこと、自白を強いることだ。言い逃れをする道を絶たれ、待ったなしで尋問を受け、そこから身を隠す術をもたないことだ。それが拷問たるゆえんは、直接答えることが禁じられているような問い——たとえば法や正義とはなにか、正義の可能性の条件はなにか——に、ある限られた時間内に、裁判官たる他者の言語で——この場合は英語で——まっすぐ答えるべく出頭させられているからである。ここでのデリダには、あらかじめ自分の手段が禁じられている。つまり「……とはなにか」という問いを立てる前に、その問いの前提となっているさまざまな手続きや意味の沈殿を問い直し、それらが安らかにおさまっていた対立や境界を揺さぶり解体し、問いの問いを立てながら注意深く問いそのものを脱構築していくという彼の常套手段が、まさに正義についての問いからの逃亡と見なされ非難されるおそれがある。もしも「正義」の問題を直接論じることができないのが明らかになれば、脱構築に向けられた「不信」を結局は裏書きしてしまうことになるのである。

脱構築は、そしてデリダは、正義や法に対し「まっすぐ」[☆9](droit, right)向かい、自分の身を明かし立てるよう召喚されている。であるがゆえに、このデリダの基調講演には、言い訳めいた表現や逡巡と、断固とした調子が混在している。いささか性急な断定と、始めることへのためらいと、ある種の決断の強調を含んでいる。このようなテクスト独特の起伏やトーンにまず言及したのは、それが、接近を禁じられた「法」を前にした彷徨と、法を守る門を突破しようとする運動として、テクストで論じられている法、正義、脱構築という「主題」——それらが主題化可能であるとして

――そのものをなぞり、「演じて」みせているからである。

『法の力』で表明されたこれこれの命題――たとえば「脱構築は正義である」〔35,三四〕等々――をただ独立に取りあげるのではなく、テクストという、ただならぬ法と力と他者への応答の場にもう一度おきなおし、その飽和不可能な「コンテクスト」への接続を問うていかなければならない。そうした命題は、テクストに見え隠れする「内的論争」の中で、そしてそれによって立てられているからである。「法」そして「法の力」は、ただ論じられているだけではなく、講演ないしその後出版されたテクストにおいても働いているからであり、議論を遅延させたり再開始させたりする言語の行為そのものを貫いているからである。とりわけ、『脱構築と正義の可能性』コロキウムの基調講演とその第二部を構成するベンヤミン論との関係が問われねばならない。『法の力』にまとめられた「法から正義へ」と「ベンヤミンの名」とのあいだには、さらにベンヤミンの『暴力批判論』というテクストとのあいだには、どのような反復ないし反覆と進展の関係があるのか。この複数のテクストのあいだを縫うようにして、デリダはどのような歩みを進め、あるいは道なき道《アポリア》に踏み込んでいるのだろうか。

むろんこのような問いの立て方――テクストが扱う主題と同時に、それを論じるテクストそのものの実践を問う――を、われわれはデリダその人に負っていることを最初にいっておかなければならない。そもそもデリダは「法」を論じることが法に対する「実践」であることに無自覚であるはずはなく、みずから「理論」と「実践」の分割不可能な場に身をおこうとしているのはまちがいない。[☆10] だが、だからといって、この「反覆」ないし異なる位相への「転移」を彼が完全に統御しているという保証にはならない。そして、おそらくデリダ自身も同意するであろうが、この統御の破れ目こそがテクストのもっとも根源的な結節点であるとみなす読解に対して、『法の力』は十分開かれているのである。

脱構築の正義と正義の脱構築

まずはじめに、「正義」の問題に即答を求められた（と自分をみなす）デリダがどのようにこの要請に応答するかを、テクストに即して見ていかなければならない。「これはわたしにとっての義務なのだが、わたしはあなたがたに英語で話しかけ（m'adresser）ねばならない」[13, 五]。基調講演の冒頭句ですでに、デリダは寄り道なしにまっすぐ自分を相手に差し向け、問題を直接あつかう――というのもデリダはそのように《adresser／address》を理解している [38-39, 三九] からだが――「義務」を引き受けることを表明している。だが同時に、この言明は「脱構築と正義の可能性」の問題そのものではなく、それをあつかう仕方や言語という条件へ、問題がおかれているもろもろの状況や手続きへと向かうことにおいて、一連の迂回や遅延の端緒となる。事実、この言明は一種の前置き部分を経てもう一度、ほとんど同じ構文でくりかえされ［15, 八］、講演の外的条件である英語使用の問題へと接続されるのである。なるほどそれは、「法」と「言語」の不可分の関係を示唆するためであり、またとりわけ英語特有の二つの語法——《to enforce the law》と《to address》——を導入して法の問題へのアプローチをはかるものなのだが、この時点でデリダはけっして先を急いでいない。結局のところ講演前半では、ある問題を語ることが、まさしくその問題を論じないためになされているかのように進行しており、以下に見るように、デリダ自身もそのことを認めている。

この間のデリダの歩みをしばらく追ってみよう。たとえば彼が《enforceability》という語を導入したのは、法＝権利に本質的に内在する「力」の存在を強調するためである。この「力」という概念と並んで「正義」や「法」の問題もまた、脱構築的な問いかけにとってなくてはならないものとされる。デリダは具体的な論文名をあげながら、脱構築と呼ばれるものが正義の問題と無縁などころか、つねにそのまわりを回ってきたと述べ、脱構築にもっとも固有の場（chez lui）——そうした言い方が許されるとしての話だが——を「法学部」に位置づけてすらいる。にもかかわらず、脱構築は正義の問題を「直接」あつかうことはない。

ここでわたしがやってみたいと思うのは次のことだ。脱構築そのものであると通常呼ばれているものがなぜ、どのようにして、正義の問題を「あつかう＝差し向ける」ことがないように見えながら、ただそれだけをしてきたのか、しかもそれを直接にではなく、ただ斜めの仕方でのみあつかってきたか、を示すことである。[26, 二二]

脱構築は斜めに正義の問題に取り組む。つまりそれにアプローチするために遠ざかり、あるいは遠ざかることで接近する。脱構築は正義の問題に直接立ち入ることは禁じられてきたのである。この時点では、デリダはまだ、なぜ斜めにしかそれを扱えないかの十分な説明をすることはないし、またこの「法の禁止」に「直接」向かおうともしない。[☆11] デリダのテクストはあいかわらず遅延と迂回をくりひろげているのであり、この講演自体が斜めのアプローチに従っている。実際彼は、ここで「斜めに」とは「今現在［自分がやっていることが］そうであるように」[26, 二二] なのだと述べている。

したがってデリダはさしあたり、問題の核心にまっすぐ向かおうとはしていない。そもそも先の引用部のすぐ次の段落は「わたしはまだ始めてはいない」[26, 二三] という文で始まる。では、これまで《enforceability》をめぐっていろいろ述べてきたことは、いまだ前置きにすぎず、「本題」はまで遠ざかったままだったことになる。それどころか、最初の英語表現である《to enforce the law》の説明すら、つまり法の内部で働いている「力」についての説明すら、まだ終わってはいなかったのである。

つづいてパスカルの引用［力のない正義は無力であり、正義のない力は圧制的である。力のない正義は反対される。なぜなら、悪いやつがいつもいるからである。正義のない力は非難される。したがって、正義と力とをいっしょにおかなければならない］が、さらにモンテーニュの引用［ところで、法律が信用されているのは、それが正義だからではなくて、それが法律であるからである。そこに、法律のもつ権威の神秘的根拠がある。法律はそのほかの根拠をもたない］がおこなわれる。それらをめぐるデリダの議論の骨子は次のとおりである。法や正義にとって「力」ないし「暴力」は、一方が他方を「利用する」といった外的な関係にあるのではないし、ただ力あるものが法を勝手に我がものにするといったシニカルな意味に限定されるべきでもない。むしろ両者は内的関係にある。すなわち法は力なしにはありえず、法が創設される時にはつねに起源の暴力が含まれている。この意味で法と力は不可分である。

法＝権利を根拠づけ、創始し、正当化すること、つまり法をつくり支配する（*faire la loi*）ことに行きつく操作は、ある力の一撃（un coup de force）に存していることになるだろう。それはある遂行《パフォーマティヴ》的な暴力、それゆえ解釈の暴力なのだが、この暴力はそれ自体では正当でも不当でもない。つまり、この暴力に保証を与えたり、異議をとなえたり、無効とすることができるような、いかなる正義も存在せず、この暴力に先だちあらかじめ根拠づけるようないかなる法＝権利もないし、前もって存在するいかなる根拠も定義からして存在しない。正当化をおこなおうとするいかなる言説も、設立的な言語の行為遂行性に対して、あるいはその支配的解釈に対して、メタ言語の役割を確実に果たすことはできないし、そうすべきでもない。[32-33, 三二]

デリダの議論になんの進展もないわけではない。法の根源に働いている「力」ないし「暴力」に言及し、この「実力行使」とも言えるような「力の一撃」を明るみに出すことによって、法が依ってたつ「根拠」なるものが脱構築されるからである。また、この「力の一撃」を言語の行為遂行性という概念を駆使して記述することによって、法と言語の根源的な関係が明らかになっていくからである。スピーチ・アクトの理論において、遂行的発言は真でも偽でもなく、ただ「成功／不成功」によってのみ存在するように、この「法措定的暴力」（ベンヤミンの言葉を借りれば）は「それ自体では正当でも不当でもない」。

だが法の究極的な根拠は「根拠なき暴力」[34, 三三] にもとづいているがゆえに、それ以上先には進めない。先の引用部の直後に、デリダは次のように言う。

言説はその限界にここで突き当たる。つまりそれ自体の内に、その行為遂行的な力そのものの中で。このことを、その構造を若干移動させ一般化しながら、わたしはここで神秘的なものと呼ぼうとしているのである。ここにあるのは、創設的行為の暴力的構造のなかに塗り込められた沈黙である。塞がれ、塗り込められたというのは、この沈黙が言語に対して外的なものではないからである。このような意味においてこそ、モンテーニュやパスカルが権威の神秘的根拠（*fondement mystique de l'autorité*）と呼ぶものを、たんなる注釈を越える仕方で解釈しようとしてみたいのである。[33, 三二]

むろんかかる「沈黙」こそは、「法」の秘密であり、法を近づきえないものにすると同時に、その接近不可能性によって人を挑発してやまないものである。この行為遂行的な場においては、事実として確認可能ななにものも現前せず、したがってだれもその中に入ることはできない。だがこの沈黙こそは、みずからを与えることを拒みつつ、法を法たらしめる当のものなのである。さてここで言われる「限界」は脱構築の限界でもある。なるほど脱構築は根源的暴力が生じた後の事態について、たとえば法の支配がその起源にある暴力の痕跡を抹消しつつその正統性を主張しようとするときに、こうした自己正当化が不可能であること、それが無根拠な力の行使であることを暴くことができるだろう。だが、根拠なき根拠設定そのものについては、真も偽もなく、正当も不当もなく、

「適切」（felicitous）か否かをのぞいて、なにも付け加えることがない。ここにおいて根拠への遡源の運動は停止し、脱構築的な問いかけは行き所を失ってしまう。以後「神秘的」という語は、言説がこれ以上進めない地点、脱構築の運動の停止点を記すものとなる。

しかしながら、もしもここで脱構築の運動が終わってしまうならば、脱構築に正義はなく、それがもたらすのは究極の判断停止であって、正義の問題に直接とりくむ道はとざされてしまうだろう。そもそも正義とは正しいものと正しくないものを根源的に分割する判断（Ur-teil）をもたらすもの、そうした判断の源泉である。では脱構築の操作が法、つまり判断の根拠や起源を問いなおし、その無根拠性や起源の暴力を明らかにするだけならば、つまりそれが一切の判断を不可能にするとは言わないにせよ、判断を宙づりにし、遅延させ、「エポケー」におくことにのみ成り立つならば、そこに正義が立つ余地はない。正義の問題への「斜めの」取り組みは、結局のところ問題からの遁走であり、それを「直接」あつかうことの不可能性の確認に終始することになるのではないだろうか。

われわれは、脱構築に対するこうした不信の念が、一種の告発として講演の最初から存在しているのをすでに知っている。かつてデリダは、『掟の門前』で終わりのない読解を試み、「法」の内部に入ることをカフカの登場人物のようにみずからに禁じた。だが「法から正義へ」と題されたこの講演テクストでは、法の禁止を踏み越えて正義の方に突き進もうとする。それは、あらゆる「限界」の踏み越え同様、非連続性と決断の相を帯びた命がけの飛躍に似ることになるのではないだろうか。実際、この「法から正義へ」の移行部分では、じつに唐突な仕方で、ほとんど論証抜きにいくつかの重要な命題が述べられる。その奇妙に断定的な口調こそが問題である。

> わたしがこれまで記述した構造において、法は本質的に脱構築可能である。法が根拠づけられており、つまり解釈可能で変形可能なテクストのいくつもの層の上に構築されているという理由からして、あるいはまたその究極の根拠づけが定義上根拠づけられていないという理由からして、そうなのである。〔……〕正義はそれ自体においては、もっともそうしたものが実在するとしてだが、法の外にあるいは彼方にある正義は、脱構築可能ではない。それは、脱構築それ自体――そうしたものが実在するとして――が脱構築可能でないのと同様である。脱構築は正義である。[35, 三四]

つまりデリダはここで、あたかも決着ずみの事柄であるかのようにいきなり正義と法を区別し、両者を主語に立てて、「脱構築可能」と「脱構築不可能」という述語を割り当てる。こうした言明がたんなる事実確認的な理論的言説にとどまらないのは、この発話によって「法」と「正義」の根源的分割がなされるからであり、つまり「行為遂行的」であるからである。そもそもデリダの留保が示すように「正義」なるものが存在する保証はないのであり、正義とは、少なくともこの文脈では、デリダの断言によってパフォーマティヴに「産み出される」ものでしかない。それに畳みかけるように、「脱構築は正義である」という命題が来る。これは事実確認的なのか、それとも行為遂行的なのか。留保も付帯条件もなにもないこの簡明な命題は、事実確認的であることをパフォームするスピーチアクトではないだろうか。デリダはこの部分をイタリックで強調することによって[☆12]、ある力わざ（**un coup de force**）の実践であることを示しているのではないだろうか。

いずれにせよ、この断言以降、正義は「法」と区別されて「存在し」[*il y a* la justice. 35, 三五]、脱構築は正義と一致する。脱構築は正義の問いからの「後退」などではなく、正義そのものである。続いて派生命題が三つやってくる。

(a) 法の脱構築可能性は脱構築を可能にする。

(b) 正義の脱構築不可能性もまた脱構築を可能にし、さらには脱構築と一致する。

(c) 結論。脱構築は正義の脱構築不可能性と法の脱構築可能性を分かつ間隙に生じる。

ごく単純に言えば、脱構築されるのが法であり、脱構築するのが正義である。かくしてデリダは法を脱構築の対象となす一方で、正義を脱構築を命じるもの、ないし脱構築の主体そのものとなすことによって、法と正義の根源的分割を施し、脱構築を正義の実践となす。かくして「脱構築と正義の可能性」の問題に決着がついたように思われ、デリダはコロキウムの副題を彼なりの言い方で定義しなおしてさえいる——「別言すれば、ここでわたしが手探りで求めている仮定そして命題は、むしろ次のような副題を呼び寄せることになるだろう、脱構築の可能性としての正義、そしてまた、脱構築の行使の可能性としての、権利ないし法の構造、法の創設と自己権威化の構造、というものである」[36, 三五]。

だがその直後に次の文が来る。「こうしたことが明快ではないのは、わたしにはよく分かっている。わたしは、それがまもなくもう少し明快になるだろうと期待しているが、確信しているわけではない」[36, 三六]。なにが明快ではないのか、デリダは明示していないが、一言でいえば、ここで「構築」されようとしている「正義」と「脱構築」の関係の根本にあるべきもの、すなわち法と正義の根源的分割が「明快」たりえていないのである。先ほどの派生命題(c)において、脱構築はまさに両者の分割に、両者を「分かつ間隙(intervalle)」に場所を持つとされている。であれば、正義/法の区別がおこなわれないかぎり、脱構築の場所はなく、デリダが構築しようとしている法・正義・脱構築の関係そのものが崩壊してしまうだろう。しかるに、正義を法からわかつ分割は、先に見たようにデリダの行為遂行的なパフォーマンスにのみ依存している。すなわち脱構築を根拠づけるこの分割それ自体はけっして論証されているのではなく、ただ遂行されており、それゆえ正当でも不当でもなく、無根拠であり、それにまつわる根源的な「沈黙」に塗り込められている。つまり先ほど論じられていた意味で、正義＝脱構築の肯定は「神秘的」であるほかはない。たとえもし、そうであるがゆえに正義＝脱構築それ自体は「脱構築不可能」なのだと言ったとしても、今度は「法」を創設する根源的な力の行使と正義の肯定とが区別できなくなり、結局は法と正義とのあいだに引かれた境界が失われてしまうであろう。

デリダ自身がおそらく認めているように、[☆13] 法の根源に見いだされた行為遂行的な力の無根拠な行使は、正義の肯定にあたって彼が言い、おこなっていることにそのまま当てはまる。またその限りで、デリダによる正義と法の分割はけっして「成功」したとはいえないのだ。結局のところ彼は、法から正義へと一歩を踏み出そうとして、法措定の根源的な暴力を反復せざるをえず、「法」の沈黙と決定不可能性へと舞い戻ってしまうからである。そうであるがゆえに、正義／法／脱構築についての決定的とも思える命題を繰りだしたあとで、つまり講演の半ばを過ぎてもなお、デリダは次のようにくりかえさざるをえない。

わたしはいまだ始めていないと先に述べた。わたしはおそらくけっして始めることはないであろうし、おそらくこのコロキウムは基調となるもの（keynote）を欠いたままであるだろう。

わたしはもう始めていたはずなのに。わたしは、手続き的な文言や迂回を重ねることを自分に許した——だがいかなる権利で?——のである。[36, 三六]

迂回こそすれ、デリダは出発点から一歩も出ておらず、正義の手前で足踏みをしたままであり、正義に到達する道はあいかわらず確保されていない。法から正義への決定的な一歩がいまだ踏み出せずにいるかぎり、なにも始まったことにはならない。ただ、これまでの迂回をへて、次のことは明らかになったといってよいだろう。正義とは——そうしたものが存在するとすれば——正しい裁きをおこなう判断であり、絶対的に、つまり脱構築不可能なまでに正当なものでなければならず、その意味で、正当とも不当とも言えない根源的暴力にもとづく法からは区別されねばならない。だが、この正義と法との分割そのものが法創設の暴力的な挙措にほかならない以上、正義は法の「神秘的な根拠づけ」を越えてあることはできず、結局は「法」のこちら側に転落してしまう。正義はあいかわらず到達不可能なままである。[☆14] 換言すれば、脱構築不可能なものと脱構築可能なものの境界自体はつねに脱構築可能であり、その結果脱構築不可能なもの、つまり正義は、存在しないのである。

もしもここでデリダが歩みを止めてしまえば、もしも法から正義への道が閉ざされてしまうならば、脱構築にかけられていた嫌疑（脱構築は正義の問題を迂回することはあれ、それに直接とりくむことができない）を晴らすどころか、逆に裏書きしてしまうことになる。そうした嫌疑への釈明から講演を始めたデリダは、根拠の根拠を問い、言語に内在する「沈黙」に、つまり言説の限界に自分を追いこんだが、ここで立ちつくすわけにはいかない。テクストを読み進めていけば、彼が足踏みをしていたのは、最後の跳躍を準備するためであったことが分かる。よく知られているように、この最後の跳躍はすべてを反転させる論理によっておこなわれる。たとえば「正義は不可能なものの経験である」[38, 三八]。だがこの「不可能であること」こそが正義を正義たらしめるもの――いわば正義の可能性の条件――である。あるいはまた、「道がないこと」ないし「アポリア」こそは、正義に道を切り開くものである。「どれほど不可能であっても、このアポリアの経験なしに正義は存在しない」[38, 三八]。すべては反転する。決定不可能なものが決定を可能にするのであり、脱構築がどれほど責任のがれに似ていようと、それは逆にいっそうの責任を担うことを呼びかける[45, 四八]。こうした一連の反転を次々に繰り出すことによって、「出口なし」をまさに出口となし、正義の不可能性をさらなる正義の肯定となす。

デリダは先を急いでいる。まさにこの時点で、彼は英語に特有な表現の二つ目《to address》に言及する。一見さらなる迂回に思われるこの言及は、じつはまっすぐ核心に向かい問題に直接赴くためにある。

それゆえわたしはあなたがたに自分を差し向け、話しかけ（m'adresser）ねばならず、問題を「あつかう」（adresser）ことをなさねばならない。手短にそうするために、わたしはできるだけ直接、ただまっすぐ（tout droit）、迂回も歴史的なアリバイもなしに、斜めに進まず、まずはこの講演の最初の相手とされるあなたがたに向かい、また先述の問題に対する重要な決断の場へ向かわなければならないだろう。［38-39, 三九］

デリダはなおこの後も、いくつかの付随的な問題――たとえば言語の統御をめぐる暴力や人間と動物を分ける分割の正当性、等々――に触れないわけではないが、最終的に脱構築と決断の問題へ、「重要な決断の場」へと突き進む。あたかも、これまでデリダに無数の迂回と遅延を強いてきたものに一刻も早くけりをつけ、最終的な決着をみなければならないかのように。そもそも正義とは、定義からして、決断を下すことである。あるいは同じことだが、決断なきものは不正義である。「もしも断ち切る決断がなければ、いかなる正義もおこなわれず、正義が返されることなく、また法の形式のなかで実効性をもつことも規定されることもない」［52, 五八］。脱構築には「宙づりの契機やエポケーの時」［46, 四八］が必然的に含まれており、一種の判断の遅延をその常套手段とする。したがって、待ったなしの判断を要請する正義は「脱構築可能」であってはならず、正義の可能性は決断を下す可能性と異なるものであってはならない。

デリダはなんとしてでも「決断」(décision)を肯定することによって、同時に正義を肯定し、そうして脱構築の判断停止に終止符を打ち、正義と脱構築というアポリアを「最終的解決」——こうした言い方が、デリダのテクスト自体によって要請されるものであることは、のちのベンヤミン論を論じる際に明らかにしてみたい——にもたらそうとする。この「力の一撃」は最後に述べられる三つのアポリアに集約されている。第一のアポリアは「規則のエポケー」にかかわる。つまり正義の決断は、規則と計算の保証なきところでなされねばならない。第二は「決定不可能なものにとりつかれること」である。つまり決断は、決定不可能性の試練をくぐり抜けねばならず、またその試練の記憶をとどめねばならない。第三は「知の地平を遮る切迫」である。決断は、知や解釈の果てしなき連鎖を断ち切る切迫のなかでなさねばならない。これら三つの「アポリア」のいずれにおいても、通常は決断を延期させ不可能にするもの——規則や計算の不在、決定不可能性、知や確実性の不在——が逆に、決定ないし決断を促し、決断を決断たらしめるものとして肯定される。デリダはかくして決断の遅延を、決断の凍結を(みずからに)禁じる。通常ならば決断を控えさせ、決断の場から後退させるものをして、反対に決断に駆りたてる決定的な要因となす。

ここにいたって、一切の判断停止のアリバイは取り除かれる。つまりアポリアの存在こそがアポリアの解決になるという反転をここに仕掛けることによって、また正義の裁決を不可能にするものこそが正義の決断を要求すると強弁することによって、もはやなににも押しとどめられることなく、正義は肯定される。デリダは決断を語り、同時に決断を遂行する。彼は最後に待ったなしの決断を語り、同時に正義と脱構築の問題に決着をつけて講演を終える。『法の力』第一部はここに完結する。

だが、この「最終的解決」に見えるものは、それでもなお解決されざる問題を残さずにはいない。そのうちから、①アポリアをめぐるデリダ自身の言説の有効性について、さらにふたたび②正義と法の分割について、この二点に絞って最後に検討してみよう。

というのも、アポリアをめぐるデリダの言説そのものの「正当性」がやはり問われなければならないからである。デリダはある事柄――たとえば正義と呼ばれるもの――の不可能性を、その事柄の可能性の条件とすることで、その事柄そのものを肯定する。当然のことながら、このアポリアの言説は、なんらかの根拠から出発して論理的あるいは分析的な判断を下すものでもなければ、いくつかの所与から出発して反省的あるいは総合的判断を下すものでもない。この場合でいえば、それは正義を根拠づけるための言説ではないのであって、むしろそうした根拠の不在の上に正義を打ち立てるアクロバティックな「力の一撃」をふりおろす行為遂行的《パフォーマティヴ》な言説である。事実この言説は演繹的でも帰納的でもなく、弁証法的というよりむしろ「誇張法的」とでも言えるものであり、正義が、あるいは正義を正義たらしめる基準が不在であればあるほど、逆に正義が要請され、正義が肯定されねばならないとするものである。この言説は正義を肯定するが、それは事実確認的なものではなく、正義を「言う」ことによって正義を「存在させる」パフォーマティヴな実践なのである。あるいは同じことだが、正義は、正義について述べるパフォーマティヴな言説以外におのれの根拠をもたない。しかも、正義の肯定もまた「決断」である以上、デリダ自身が言うように「それは狂気である」[58, 六七]。要するにこの正義の肯定は真でも偽でもなく、「正当」でも「不当」でもなく、「根拠づけられている／無根拠である」という対立を越えており、「成功か不成功か」、《felicitous》か否かしか問われないことになるだろう。

もしもそれが「成功」に終われば、ついに正義や法についての果てしない問いかけや堂々めぐりに終止符を打ち、脱構築に向けられた不信——つまり脱構築そのものは無法なのではないか——を一掃することができるだろう。だがまさに、正義の肯定にまぎれもなく存在する行為遂行性——それはいかなる根拠も与えない——のために、正義と法との根源的分割は無根拠のままに宙づりにされ、未決のまま決定不可能な状態にとどめおかれるのである。結局のところ法と正義の根源的な区別を可能にしてくれるものはなにもないのだ。おそらくデリダの最後の論法によれば、究極的には法と正義は決定不可能であっても構わない。なぜなら、そうした決定不可能性は、アポリアの論理によって、逆に正義という不可能なものの肯定になくてはならないものとして取りこむことが十分可能だからである。デリダのアポリア論はいかなる反論も許さない。それはすべてを無化するベンヤミンの「神的暴力」に、さらにはすべてに決着をつける「最終的解決」に似ているのである。

だがこうしたアクロバティックな議論は、結局のところ法と正義が区別可能かどうかについてはなにも言ってくれない。しかるに正義の決断と法の創設における根拠なき決断が区別されないかぎり、これまでのデリダの正義導入の試みはすべて崩壊してしまうだろう。いささか図式的になるが、問題をくりかえしておこう。法は脱構築可能である。正義は脱構築不可能である。法と正義が決定不可能であっては、正義の脱構築不可能性は法の脱構築可能性によって汚染されてしまい、正義は正義でなくなる。したがって正義が可能であるためには、正義と法の区別それ自体は絶対的なもの、つまり脱構築不可能なものでなければならない。しかるに正義と法を区別する確実なものはなにもない、――おそらくデリダのパフォーマティヴを除いては。この問題こそは、脱構築と正義の可能性のあいだに横たわる最大の困難であることを知っていたのは、むろんデリダその人である。講演冒頭ですでに、「脱構築の苦悩、脱構築が苦しんでいる苦悩あるいは脱構築によって苦しめられている人びとが苦しんでいる苦悩、それはおそらく法と正義を曖昧ではない仕方で区別するための規則も規範も基準も存在しないということである」[14, 七] と告げられていた。さらに講演の最後で、三つのアポリアを列挙するその直前に、次のことが述べられる。

もし正義と法のあいだの区別が真の区別であり、論理的に規制され統御されうるような作用をもつ対立であるならば、すべてはもっと簡単であっただろう。だが法は正義の名のもとにおこなわれると称するものであり、また正義は法の中にみずからの場を定め、その法が実行される（構成され適用される——力によって「施行される」（enforced））ことを要求する。脱構築はつねにこの両者のあいだに見いだされ、そのあいだを移動する。[49-50, 五三—五四]

つまり正義と法の分割は「真の区別」ではありえない。デリダは法と正義の区分を前提に話を進めておきながら、ここにいたってもなお、すべてを錯綜させているのが両者の区別の難しさであることを認める。デリダが「正義」について語れば語るほど、正義の決断と法の究極の根源にある根拠なき決定を分離することは難しくなってくる。どちらも「決定不可能の中での決定」であり、どちらも言説における力の行使、すなわち「パフォーマティヴ」ではないのか。ただ成功／不成功のみがあり、それ自体正当でも不当でもないこの二つの「パフォーマティヴ」を、「正しい」ものと「暴力的なもの」に、つまり正義と法とに区別することはできないのではないか。「切迫と待ったなしの決断は非-知と非-規則の闇の中で働く」[58, 六八] とされた正義の決断が、法創設のたんなる暴力とならない保証はどこにあるのか。

結局のところ、法と正義を区別する「構造的な」差異があるわけではない。にもかかわらずデリダが正義と法とを区別しなければならなかったのは、暴力的で無根拠な力の行使とは異なる、他者に絶対的に開かれている決断の場を確保しなければならなかったからである。「正義とは絶対的な他者性の経験」[61, 七一～七二]である。デリダがレヴィナスの名を挙げるのは偶然ではない。というのもレヴィナスこそは、正義をまったき「他者との関係」と定義することによって、たんなる「法」から区別されるべき正義の問題を立てていたからである。だがこの正義——再自己固有化されるがままにはならない「まったき他者」への絶対的な応答としての正義——を語る次の引用部でもまた、デリダが法から正義への決定的な一歩を踏み出したとする保証はない。

現存する正義＝法廷が決定を下す確実性をもつとするあらゆる推定に対して脱構築が存在するるのは、脱構築それ自体が無限の「正義の理念」から出発しておこなわれるからである。この理念が無限であるのは、なににも還元できないからであり、還元できないのは、それが他者に負うものだから——いかなる契約にも先だつ他者に負うものだからであり、この理念が向こうからやってきたもの、つねに他なる特異性としての他者の到来だからである。いかなる懐疑主義にも打ち負かされることのない[……]この「正義の理念」は、その肯定的性格において破壊不可能であると思われる。その交換なき贈与の要請において、つまり流通も、感謝も、エコノミーの循環もなく、計算も規則もなく、理由もなければ統制的な統御という意味での理論的合理性もない贈与の要請において、破壊不可能である。だからそこに認めることができ、さらには告発することができるのは、ある狂気である。そしておそらくはもう一つの神秘的なものである。そして脱構築はこの正義に狂っている。正義の欲望に狂い夢中になっている。[55-56, 六三〜六四]

これはおそらく一つの告白として読まなければならない。デリダにおいて狂気とは、他から到来したものを「蒙り」[58, 六七]、自分を失い、自分の外に出てしまう「他律状態」[58, 六八]を言う。脱構築は我を忘れ、自己自身を超え出てひたすら正義の方へと向かおうとするのであり、この自己忘却こそ他者の絶対的歓待の証となる。こうして脱構築は尋常ならざる仕方でしか、つまり規則も計算もなく、いかなる正当化もなされない仕方でしか——まったくこれは正気の沙汰ではないが、脱構築が脱構築をみずから断念することによってでしか——正義を肯定することができない。だがこの「狂った」やり方を一種の「信仰告白」と区別するものはなにもない。それを、神やあらゆる超越的原理を肯定する挙措と区別することは、まさにそれが狂気のなす業であるがゆえに不可能だからである。そもそも狂気とは、なにが正しくなにが正しくないかの区別を失ってしまうこと、なにが正義であるかを知らないということではなかったか。だから、この正義の無条件の肯定は「神秘的」とされるほかはない。この「もう一つの神秘的なもの」が法の根源に見いだされた「権威の神秘的根拠」と別のものであるという保証はおそらくどこにもないであろう。

法から正義へ――この決定的な一歩を踏み出そうとして、結局はまた「法の前」に立ち戻る。この異様な歩みならぬ歩み（pas）が『法の力』第一部のテクストの運動を規定している。正義が法から身を引き離そうとすればするほど、その境界設定において、無根拠な法の創設暴力を反復し、法の側に引き戻されてしまう。正義を「法－外」のものとして立てようとする懸命のパフォーマティヴにもかかわらず、デリダは正義が法創設の暴力に落ち込む可能性を払拭しえていない。たとえば講演のほぼ末尾に及んでも、正義と悪の、あるいは正義と法の暴力の、恐るべき近接性が回帰してくる。

> 正義の計算不可能で贈与的な理念は、ただそれだけに放置されてしまうと、つねに悪のすぐそばに、それればかりか最悪のもののもっとも近くにある。なぜならば正義の理念は、この上なき邪悪な計算によって我がものとされることがいつでもありうるからである。それはつねに可能であり、そのことはわれわれが先ほど述べた狂気の一部をなしている。[61, 七二]

つまり、正義の理念が最悪の暴力の肯定に転化してしまう可能性は原理的に排除されていない。正義の名のもとにおこなわれる決断が最悪の決断主義に陥らないというかなる保証もないがゆえに、われわれはこれまでデリダのいう《décision》に通常当てられる「決定」ではなく、あえて「決断」という訳語を与えたのである。結局のところ、法と正義の区分それ自体は脱構築可能であり、その区別はたえず汚染とずらしと反転可能性のなかで揺らいでいる。別言すれば、法と正義のあいだにある関係は、絶対的な、すなわち脱構築不可能な差異や対立などではなく、果てしなき差延（différance）の運動であると言うべきだろう。にもかかわらず、正義をあくまで法の「外」に立てようとするデリダは「狂っている」というほかはない。この狂気——それは正義の決定可能性を危険を省みずに創設する「法－外」の暴力にほかならない——は、脱構築の外からやってきて脱構築をおのれの外に連れ出そうとする。この狂気はだから「他者」からやってくるほかはないが、その一人にベンヤミンの名前を挙げることができる。なぜなら、ベンヤミンこそは法＝暴力の根源において「法－外の力」を要請したその一人であり、デリダの「法から正義へ」の歩みは、ベンヤミンの『暴力批判論』の、そしてまたデリダがそこに読みこむ「ベンヤミンの名」によってある仕方で規定され反復されているとみなすことが、十分できるように思われるからである。こうしたいくつかの理由のために、これまでのデリダの議論を、ベンヤミンの暴力批判論読解へと、さらに接続していかなければならない。

正義と〈最終的解決〉

『法の力』第一部「法から正義へ」と第二部の「ベンヤミンの名」が、どのような関係にあるかは定かではない。たとえば前半が脱構築と正義の問題を論じた理論編、後半がその理論の応用編とみなすわけにはいかない。というのも、デリダによればベンヤミンの『暴力批判論』は「自己脱構築的」であり、外から脱構築の手続きを「適用」[78, 九六] する相手ではないからである。この「短いが困惑させる」[75, 九三] テクストは、脱構築の対象であると同時に、おのずから脱構築するものであり、またその操作を通じて脱構築そのものの可能性を問いかけるテクストにもなっている。一例を挙げれば、ベンヤミンは二つの種類のゼネストを、つまりあらゆる権威の停止を論じながら、支配的な解釈を中断する二つの仕方を、つまりデリダがいみじくも示したように「脱構築の二つの誘惑」[92, 一一七] をもまた問題としているのだ。テクストは自分が述べているものの法則を逃れられず、さらにそうしたテクストを脱構築的に論じるデリダの読みが、自分自身を脱構築するベンヤミンの読みによってあらかじめ読まれてしまっていないとも限らない。第一部と第二部のあいだにはおそらくなんらかの「反復」があるのだが、どちらかにメタ言語を、他方にその対象言語の役割を与えることはできない。さらに後半のベンヤミン論は、「ナチズムと〈最終的解決〉」と題された別のコロキウムで読み上げられた「前置き」と「追伸」にはさまれて出版されており、別の問題設定に接ぎ木され、つまりそれ自体で完結することなく、複数のコンテクストに開かれている。

この恐るべき錯綜を見せるテクスト群を論じようとする――それをまさにここで試みているわけだが――言説もまた、自己を－脱構築する－ベンヤミンを－脱構築する－デリダの－脱構築の可能性－を論じる－テクスト、等々の反復のなかに巻き込まれない保証はどこにもない。つまりデリダについてあれこれ論じることが、ベンヤミンを反復しつつ論じるデリダを反復していないとは限らない。おそらくすべての反復を封じたり統御したりすることはできないのであり、逆に思いもよらぬところでこそ反復強迫がもっとも確実におこなわれることは知られている。

もしそうであるならば、反復を避けるのではなく、逆に反復の場そのものへと赴くことによって、複数のテクストが相互に響き合う一点に議論を集約することができるかもしれない。先に見たように『法の力』第一部においては、法と正義の根源的分割の（不）可能性の問題が、論全体を貫く懸案として存在していた。『暴力批判論』において、またそれを論じるデリダの論において、この同じ問題がつねに問われ、回避されつつ論じられているのであれば、ここにこそ問題のエコノミーの結節点があるのであり、たえずそこにたちかえることの必然性を以下に問うていかなければならない。

周知のように、ベンヤミンにおいて正義と法の区別は「神的」と「神話的」の対立に負っている。「正義が、あらゆる神的（göttlich）な目的設定の原理であり、権力が、あらゆる神話的（mythisch）な法措定の原理である」[☆15]。ベンヤミンはこの「神的／神話的」の対立を「暴力」（Gewalt）それ自体の分割に持ち込み、法措定暴力を「神話的」、法廃絶暴力を「神的」なものと呼び、暴力批判論の最後で両者の対立を様々な仕方で論じている。つまり「正義」（Gerechtigkeit）の可能性は神的なものと神話的なものの区別の中にあり、その区別そのものは神的暴力と神話的暴力の対立として具体的に取り扱われるのである。だがデリダも指摘するように、これら一連の区別は「根本的に問題を孕んでいる」［79, 九七］。つまり脱構築可能であり、また区別を立てるテクスト自体が自己脱構築していくものである。

神話的暴力にまでいたる議論からしてすでに、みずからの前提を突き崩す批判的な作業の実践であり、さらには自己破壊的運動に従っている。ベンヤミンは目的・手段の連関の中でなされる暴力論を紹介しては退け、自然法や実定法にもとづく法の考え方そのものを批判していく。目的に照らすにせよ合法的な手段性から判断するにせよ、従来の「不法な暴力」と「正しい暴力」との区別は、法そのものの創設に含まれる暴力性を見ていないがゆえに十分な暴力批判とはなりえない。かくして暴力の問題は法の根源におきなおされ、「法措定暴力」と「法維持暴力」にあらためて分節されることになる。戦争や講和や政治的ゼネストといった形で法を新たに創設する暴力が姿を現し、他方で兵役義務や警察が法維持暴力を担う制度となる。暴力は法に対立するのではなく、「法の側」にあり、暴力と法は互いに他を含んでいる。さらにこの二種類の法暴力は相互に結託し、区別されずに存在することもある。たとえば死刑がおこなわれるその都度、「新たな法の確定」[ZKG, p.188, 一九]が、すなわち法措定暴力が顕現するだろう。また近代的な警察は、たんに法維持のための執行機関であるにとどまらず、「法的目的をみずから設定する」暴力もあわせもち、「この官庁のなかでは法措定暴力と法維持暴力との分離が破棄されている」[ZKG, p.189, 二〇]。ベンヤミンがこうして提起し自壊させる二つの暴力の区別は、またデリダによって見事に脱構築されている。いかなる創設もそれが維持され反復されるという「約束」[94, 一一九]を含まねばならず、また法の維持はその都度「再―創設的」[*Ibid.*]であるほかはない以上、それは「反覆可能性のパラドックス」を逃れられない。すなわち「起源が、起源としての価値をもち、自己を維持するためには、根源的に反復されかつ変化していかねばならない」[104, 一三四]のである。

この法措定/法維持の相互汚染のなかで浮かび上がってくるのは、法がただ「法そのものを守ろうとして」[ZKG, p.183, 一三]自己目的化しながら、我がもの顔で振る舞う(**faire la loi**)傍若無人であり、その腐敗性(「法におけるなにか腐ったもの」[ZKG, p.188, 一九])である。自己自身以外のものにもとづかない限り、法は腐敗する。だがそこにおいて法はみずからの暴力性をもっとも純粋な形で暴露する。法はみずからを根拠にしつつ、すなわち無根拠に、自己を設定し、自己を維持する。

措定的であれ維持的であれ、この法暴力はベンヤミンによって神話的な「宣言」、「暴力の直接的宣言」[ZKG, p.198, 三二]と言われている。神話的暴力とはしたがって、無根拠に繰りひろげられる法措定暴力であり、自己の存在の宣言行為、つまり遂行的発話の行為にほかならない。

この行為遂行性によって、その法と力の内的関係によって、また事後的にのみ正当化される根拠づけによって、さらには法の起源を権力者の「特権」("Vor" recht)[ZKG, p.198, 三二]にさかのぼることにおいて、ベンヤミンの神話的暴力は、パスカルやモンテーニュからデリダが読みとった「権威の神秘的根拠」と異なるものではない。つまりそれは、法創設における行為遂行的な力の無根拠な行使そのものを言い表わしており、デリダはそれを、ベンヤミン論の文脈内ではっきり「神秘的」[89, 一一一]と形容している。また神話的=神秘的暴力は「境界設定行為」[ZKG, p.198, 三二]である以上、正当と不当の境界を引きはするが、それ自体は正当でも不当でもありえず、ただ根拠なき暴力に留まるものであり、「一切の法的問題の最終的な決定不可能性」[ZKG, p.196, 二八]――それは生まれつつある言語のなかの真/偽の決定不可能性に肩を並べるとされる――として、つまり言説の限界として現れる。

デリダがこの限界を突破し「法から正義へ」の一歩を踏み出そうとしたように、ベンヤミンもまたこの法なき法の支配の外へ出るために最後の一歩を踏み出す、すなわち「神的暴力」を対置する。しかしその仕方はきわめて異様、きわめて唐突と言わねばならない。

直接的暴力の神話的宣言は、より純粋な領域をひらくどころか、もっとも深いところでは明らかにすべての法的暴力と同じものであり、法的暴力の問題性の予感であったものを、その歴史的機能の疑う余地のない腐敗性の確信となすのである。したがって、これを滅ぼすことが課題となる。まさにこの課題こそ、究極において、神話的暴力に停止を命じうる純粋な直接的暴力についての問いを、もういちど提起するものだ。［ZKG, p.199, 三二］

引用部最初の文でベンヤミンは、神話的暴力を根源的な法的暴力として同定し、同時にそれが法の腐敗性を暴き出すものとする。ここで確認されるのは、警察権力に見られた法措定と法維持の二つの暴力の癒着は、法の堕落などではなく、法の根源において究極的に生じている出来事であり、法とはその根源において「腐敗」しているということにほかならない。結局、暴力批判の果てに見いだされたのは、ただ自己正当化的に、我がもの顔に振る舞う法的暴力の支配であり、そこにおいては正義の可能性は与えられていない。「したがって、これを滅ぼすことが課題となる」。法措定の暴力を「滅ぼす」ものは法廃絶の暴力でしかありえず、かくして「神的暴力」が問いとして提起されることになる。つまり、腐敗した法暴力に無批判なままでいるわけにはいかず、その「停止」が「課題」として要請されるがゆえに、神的暴力がなくてはならないものとして導入されるのであって、その逆ではない。神的暴力ははじめから与えられているのではなく、ただ「なくてはならない」

ものであるがゆえに存在する。むろんこうした思考――あるものの不在や欠如がその存在を呼び寄せ、その存在は事後的に不在のものとして構成される――はベンヤミンのメシアニズムに特徴的なものである。しかしここで重要なのは、まさにこうした論理によって「神的暴力」を存在させ、さらにはその存在を宣言する行為そのものが、ベンヤミンの批判しようとする法措定的暴力、あるいは同じことだが神話的暴力に固有の境界設定行為と、ほとんど区別できなくなるというパラドックスである。

実際、ベンヤミンの神的暴力の記述は、事実確認的な体裁をとりながらも、その存在をパフォーマティヴに――つまりは根拠づけられているともいないとも言えない仕方で――宣言する行為に限りなく近づいている。「一切の領域で神話に神が対立するように、神話的な暴力には神的な暴力が対立する。しかもあらゆる点で対立する。神話的暴力が法を措定すれば、神的暴力は法を破壊する。前者が境界を設定すれば、後者は限界を認めない。前者が罪をつくり、あがなわせるなら、後者は罪を取り去る。前者が脅迫的なら、後者は衝撃的で、前者に血の匂いがすれば、後者には血の匂いがなく、しかも致命的である」[ZKG, p.199, 三二]。対立の設定は、その対立を構成する二つの項の存在を前提とするがゆえに、いっそう確実にそれらを存在させる暗黙の遂行《パフォーマティヴ》文なのである。

神話的暴力と神的暴力の区別そのものが「神話的」になされるとしたら、神話的暴力から手を切ろうとする決断の瞬間に、再び神話的暴力の手前に内落してしまうことになるだろう。そこに残るのは、神話的暴力を払拭しようとすればするほど神話的暴力を演じてしまうという不可避性でしかない。問題はこうした原理的な循環にとどまらない。デリダは神的暴力と神話的暴力の区別をさしあたりは受け入れながらも、いくつもの留保を提示して、両者のあいだにつねに存在する「汚染」の可能性を示唆している。ベンヤミン読解の最後に来て、デリダはほとんど「決定不可能」なまでに神的暴力と神話的暴力の対立を複雑化する。そのポイントはまさに決定の可能性にかかわるものである。

　決定不可能なものとして規定される神話的暴力に対し、ベンヤミンの神的暴力は「決定可能性」であり、「決定的な態度を可能にする」［ZKG, p.202, 三六］ものであった。ところがデリダも引用するように、ベンヤミンは、「純粋な暴力［＝神的暴力］がいつ、ある特定のケースとして、現実に存在したかを決定することは、すぐにできることでもないし、すぐにしなければならぬことでもない」［ZKG, pp.202-203, 三七］と述べている。しかも「それとしてはっきり認められる暴力は［……］神的ではなく神話的暴力である」。このベンヤミンの言葉を、デリダは次のように図式的にまとめている。「一方には決定（正しい、歴史的な、政治的な、等々）があり、法をそして国家を越えた正義があるが、しかし決定可能な認識を欠いている。他方には神話的で国家の法の構造的に決定不可能なものにとどまる領域内に、決定可能な認識と確実性があることになるだろう」［131, 一七〇～一七二］。結局どちらの側にも決定不可能性は存在する。この決定可能性と不可能性の異様な交差配列において、それでもなお、二つの暴力を別々に語ることができるのであろうか。とりわけ暴力が現象しうるのはもっぱら神話的暴力においてであり、また神的暴力は、ベンヤミンが書くように「神話が法と交配してしまったあらゆる永遠の形式」［ZKG, p.203, 三七］をとって現象することもありうるのであれば、正義は法の姿をまとって現れ、法は正義の名の下に暴力を行使するという、両者の混交を認めなければならないのではないだろうか。デリダがいみじくも言うように「神話は神的暴力を法と交配させかつ堕落させた」［132, 一七三］のであって、神的暴力と神話的暴力の絶対的で純粋な分割はありえないのである。

われわれはここにおいて、暴力論批判の最後の概念装置である神的暴力と神話的暴力の対立が瓦解し、脱構築されるべく差し出されるところにまで到達した。ベンヤミンはここで論を打ち切ってしまうのだが、驚くべきことに、デリダもまたこの二つの暴力の脱構築の可能性を手にしながら、そのすべての帰結を手に入れようとはせずに、ベンヤミンと歩調をあわせて読解をやめてしまうのである。デリダがベンヤミンのテクストについて言った「その正当かつ不当な未完成」［78, 九七］は、デリダ自身のテクストについても当てはまる。この最後の対立が脱構築されかけたまま、最終的に手つかずで放置された理由は述べられていないが、われわれは十分推測することができる。もしも神的暴力と神話的暴力の対立が定かでなく、ともに「神秘的」とされる二つの暴力の隔たりにさほど信をおくことができない〔119, 一五五〕とすれば、正義は最悪の法措定＝維持暴力と厳密に区別することが不可能になり、正義の肯定は神話的な宣言行為から距離をとることができなくなるであろう。そうすれば、それまでの批判作業のすべてが無に帰し、ただ廃墟のみが残り、法から正義への移行は不可能となるであろう。『法の力』第一部でなされたように、正義を脱構築不可能なものとして肯定するためには、正義と法の境界が、あるいは神的暴力と神話的暴力との区別が、それもまた脱構築不可能なものとして肯定されなければならないのである。

結局のところ、神的暴力を存在させているのはそれを神話的暴力と対立させつつ措定するパフォーマティヴでしかないのであり、それゆえ神的暴力を肯定するにはパフォーマティヴをくりかえす以外に道はない。テクストの最後でベンヤミンは神話的暴力を再度否定し、神的暴力に最後に言及して署名をして論述を打ち切る。

> 一切の神話的暴力を棄却しなければならない〔……〕神的暴力は、神聖なる執行の手段ではなく、その印章であるが、それは摂理的なもの（die waltende）と呼ぶことができるかもしれない。〔ZKG, p.203, 三七〕

デリダが言うように、最後に残るのは署名のパフォーマティヴである。つまりそれは、テクストをヴァルター・ベンヤミンに帰属させ、あるいはヴァルターをテクストに帰属させ、同時にテクストを打ち切る行為遂行である。それを読むデリダも、このパフォーマティヴを確認しつつ、ベンヤミンのテクストの廃墟をあとにし、その読解を打ち切る。つまり彼は、神的暴力と神話的暴力の区別の脱構築を最後まで貫徹することをここに中断する。いやむしろ「摂理《ヴァルテン》」の自己命名のなかに「無限の権力にある正義」〔135, 一七六〕すなわち「神」の名を読ませることによって、正義——あるいはまったき他者——の名指しと呼びかけの聴取で終わる。むろんこれもまた一つの正義を「救う」パフォーマティヴであり、その定義からして真でも偽でもない。それは、正義を脱構築してしまわないために、議論を打ち切りつつ正義を呼びかける、最後のアクロバティックなのである。

しかしながら、このベンヤミンの署名に重ねてなされたデリダのパフォーマティヴは、完全に「成功」しているとは言いがたい。つまりそれは正義と法の根源的分割の最終決着とはなりえていないのであり、その証拠に、神的暴力と神話的暴力のめくるめくような恐るべき近接性が、『法の力』の最後で「追伸」という形で、ナチスの「最終的解決」の問題とともに回帰してくる。このナチズムへの参照を、問題に対する外的な与件とみなしたり、たんなる付録として暴力論そのものの考察から除外したりするわけにはいかない。むしろ署名のパフォーマンスは、まさにテクストに完全に内属することなく、書き手の存在そのものへの指示を含んでいるがゆえに、別のコンテクストへ、たとえばベンヤミンの生涯そのものへと開かれており、たとえば彼が一九四〇年に、パリ陥落の後、ナチスの手を逃れる旅の途上、ピレネー山中の小村にて服毒自殺したこと、さらには法の暴力の腐敗性がユダヤ民族虐殺と絶滅作戦という形をとってむき出しになった事実への、送り返しが書きこまれているからである。

したがって、「最終的解決」の問題とともに、神的暴力と神話的暴力の分割可能性の問題が、未解決のまま残っている。それはとりわけ、ナチズムの「最終的解決」をベンヤミンの言う神的暴力の現れとみなす可能性が、全面的に払拭されることがないからである。一方でデリダは、「最終的解決」が「神話的暴力の、その供儀的創設の契機においてと同時に最強の自己維持の契機における、徹底化でありその全面的な拡張」[140, 一八四]であると断定する。だが他方で、彼によれば、神話的暴力の論理が極限まで貫徹されていくなかで、この出来事は神話的暴力の限界を踏み越え、別の次元――明言されていないが、それは神的暴力のことでしかありえない――を帯びていく。しかも、ベンヤミンにおいて神的暴力の認識は人間にはほとんど閉ざされていたように、「最終的解決」について「われわれ人間は判定を下したり、決定可能な解釈を下したりすることはできない」[143, 一九〇]。

それはまた次のことも意味する。「最終的解決」についての解釈は、(神話的な、そして神的な)二つの秩序の総体および境界画定を構成するあらゆるものの解釈同様、人間の及ぶ尺度にはないのである。いかなる人類学、人間主義、いかなる人間についての、さらには人権についての人間の言説も、神話的なものと神的なものの裂け目に対しては、すなわち「最終的解決」の計画のような極限的経験に対しては、それに匹敵するものとはなりえないのである。

[143, 一九〇]

ここでデリダは「最終的解決」を「神話的なものと神的なものの裂け目」(**à la rupture entre le mythique et le divin**)に据えることによって、また神話的暴力の徹底化の果てに神的な不可知性にたどりつくことによって、神話的なものと神的なものとの恐るべき連続性を認めてしまっているように思われる。であるがゆえに、彼は最後に「ホロコーストを神的暴力の解釈不可能な発現とみなす誘惑」[145, 一九三]を口にすることができるのである。『法の力』の最後は、正義や法や暴力についての「こうした言説と最悪のもの(ここでは「最終的解決」)のあいだに存在する可能な共犯性」[146, 一九五]を考え続ける義務ないし「使命であり責任」に言及して終わる。

結局のところ、ナチズムの「最終的解決」は、解決を許さない問題、すなわち正義と法、神的暴力と神話的暴力のあいだの決定不可能性の可能性を明らかにしている。だがそれが最後の「教え」[146, 一九四]だとすれば、正義を絶対的に肯定し、法から正義への決定的な一歩を踏み出そうとしたデリダの試みは、結局ベンヤミンの自己破壊的なテクストの運動によって、またそれを読み「最終的解決」の問題へと接続するデリダ自身の読解によって、あらかじめ脱構築されてしまっていたことにはならないだろうか。この歩みならぬ歩みにおいて確認されたのは、脱構築不可能な正義の肯定などではなく、正義の宣言と法創設の宣言を絶対的に分かつ基準の不在である。そして、まったき他者への応答としてあるべき決定不可能な正義の決断が、つねにすでに、他者を自己固有化し、かくしてまったき他者に閉じてしまう最悪の決断に転化する可能性なのである。

『法の力』は、正義と法との根源的な分離の（不）可能性の物語である。そこにおいてデリダはカフカの登場人物のように「法の前」で果てしのない差延の運動を繰り広げたのである。まとめておこう。法の根源には法自身以外のなににももとづかない自己措定、自己根拠づけ行為があり、この行為自体は、いかなる根拠も持たぬ力ないし暴力の行使であり、その遂行である。このパフォーマティヴは、それ自体は是でも非でもなく、決定不可能であり、それゆえつねに正しい裁定であるべき正義とはなりえない。正義は、おのれ以外のなににももとづかずに正邪を決定する判断の源泉でなければならない。それもまた自己肯定的な宣言にその存在を負っており、正義の定立は法の根源にあるパフォーマティヴと原理的に区別することはできない。正義を根拠づけようとすればするほど法措定暴力の行使に似てくるのであり、また正義と法の境界設定そのものが法措定暴力の反復とならない保証はなく、結局のところ法と正義はその根源において区別することが不可能なのである。

正義、そのアウシュヴィッツ以後

だがわれわれはここで立ち止まってしまうわけにはいかない。とりわけ、「最終的解決」という最悪の法措定＝維持暴力が全面的に展開した事実の忘却が許されないものである以上、正義の可能性を確保することはかつてなく求められている。われわれがこれから本書でハンナ・アーレントの思想に向かうのは、彼女がまさしくアウシュヴィッツ以後の時代における正義の可能性を追求したからである。周知のように彼女はアイヒマン裁判において、この国家と法とむき出しの暴力が一体となった犯罪執行のスペシャリストに対して、正義の裁きが下されることを要求した。重要なのは、アーレントがその「正義」を根源遡行的に、つまり根拠の根拠を問うという仕方で定義するのではなく——われわれはデリダやベンヤミンを読むことによってそうした根源遡行的なアプローチの行きづまりを確認してきた——、まったく別のアプローチで正義を立て、またその正義の名のもとにエルサレムのアイヒマンに対して彼女なりの判決を下しているということである。

ラクー＝ラバルトとナンシーは、「「われらの時代の乗り越え不可能な地平」とは全体主義である」と述べている。[☆16] われわれは、ナチズムであれファシズムであれスターリニズムであれ、全体主義という出来事によって閉ざされた可能性の中にあり、人間への信頼と倫理を語ることの困難にさらされている。つまり現代は、アーレントが定義するような「政治的領域」の不在と、法の正統性を保証するべき国民国家の暴力性を経験した時代なのである。この出来事が示すのは、法の根拠たるべき国民国家が正義や倫理を究極的には保証しえないことであり、われわれは人間の集まりを根拠づけてくれるようないかなる超越的な価値を持つことなく、この神なきあとの人間の共存における倫理の可能性を模索しなければならないということである。

おそらく脱構築の思考こそは、全体主義という「出来事」から出発して、この倫理なき倫理を、さらには正義なき正義の問題を哲学的に問いただす、もっとも強力な試みの一つであろう。先に見たように、デリダは『法の力』において、脱構築と正義の可能性を論じ、法と正義の問題になんらかの決着をつけようと試みた。そこで彼は、決定の不可能性や法の根源的な無根拠性そのものに身をおきながら、つまり出口のないアポリアに入りこみながら、逆にこのアポリアこそを決定と判断の可能性の条件とすることで、正義の肯定にいたろうとした。懐疑ゆえにそこから信仰への跳躍を口にしたキルケゴール同様、デリダはアポリアの存在を梃子にして、アポリアからの脱出を試みたのである。法や決定にまつわるアポリアは、その語が意味する道の途絶、中断と麻痺をもたらすどころか、逆説的に肯定と決定の可能性を切り開くものとなる。とはいえ、このアポリアによるアポリアの突破の議論は、そこに含まれる逆説そのものによって、脱構築の言説を循環させてしまうようにも思われた。ブランショの言葉でいえば、この「彼方への歩み」("pas au-delà"〔それはまた、「彼方はない」とも読める〕は、結局のところ「決定的な一歩」といえるものとなったのかどうか、それはつまるところある限界における「踏み外し」にとどまりはしないか――これまでデリダのテクストに即して検討しようとしたのは、こうした問題である。

それにとどまらず、さらにデリダの語る「アポリア」が、別の仕方で解きほぐすことのできないものなのかが、問われなければならない。じつはデリダのアプローチを特徴づけているのは、法や正義の問題を「それを前にしたたった一人の人間」[☆17] "un homme seul devant la loi" として思考する態度である。この「哲学者」に特有のあり方そのものが、判断の留保や正義のアポリアに不可避的に結びついているのではないだろうか。かかる「哲学的」態度を離れて、複数の人間の共在という事実から出発して同じ問題を考察するならば、デリダが踏み出しかねていた一歩を刻むことができないだろうか。

哲学的な問題設定から政治的な問題設定への移行のなかでおこなわれる、こうした問いかけを集約するために、本書のもう一つの焦点は公共性におかれている。ここで「公共性」という問題の多い概念を持ち出すのは、それが「アウシュヴィッツ以後」のわれわれの時代にあってなお、政治領域の可能性を追求するのに有効であるように思われるからである。むろんそれは、国家や権力機構に回収されるような「公共性」ではなく、逆に国民国家や民族という枠組みにとらわれない一つの人間集団のあり方を指し示すものである。グループのメンバーのなんらかの同質性――血縁、地縁、言語、民族あるいは共通利害――の想定を基盤とする「共同体」に対して、公共性はそうした同質性を抜きにして複数の人間の共在を言い表わそうとしている。したがってここで問題となる公共性は、コンセンサスにもとづくハーバーマスの公共性ではなく、むしろ異なる複数者が私的利害を離れて行動するアーレントの公共領域をモデルにしている。彼女の議論を手がかりにして、政治的判断と決定、正義と法の問題の公共論的転回がどのような射程を持つのかを検討してみたい。

　アーレント独特の「正義」を取りあげる前に、彼女が「真理」の問題と「政治」の問題を区別したことを、もう一度強調しておかなければならない。アーレントによれば、哲学の真理とは、反論を許さぬ専断的なものであり、「一つの精神の「堅固な推理」以外なにも重視されない領域」[☆18]にあり、他者の意見を考慮に入れる必要を感じていない単独者のためのもの、つまり「本性上非政治的である」[☆19]。一方それにしばしば対立させられる意見《ドクサ》は、多数者の領域、政治、つまり「同じ意見を抱いていると思われる人数に個人がよせる信頼度によって「意見の強さ」が決まる領域」〔同前〕に属している。正義がすぐれて政治の問題の一つであることをだれも疑うことはないだろう。ごく単純化して言えば、誰もいない砂漠にあっても真理は真理でありつづけるのに対し、正義は他者を、それも複数の、自己と同等の他者の存在を、抜きには語ることもできないからである。誰もいないところでわたしが何をしようと、それは正でも不正でもない。アーレントが重要なのは、この単純な事実から出発して倫理を語ろうとしていることにある。哲学的な問題設定に立つかぎり、超越的な権威の源泉の問題——政治神学的な形（カール・シュミット、レヴィナス）であれ、共同体主義的な形（バタイユ、ハーバーマス）であれ——が、回帰してこざるをえない。アーレントが正義の問題をラディカルに世俗化できたのは、ただ政治の原理にのみ立脚して、それを考察しようとしたからである。つまりそこに多数の人間の営みを超越した絶対的根拠を求めるのでなく、この問題を複数の人間の関わりのなかにおきなおし、他者の意見の考慮に存する政治的思考でとらえ返すのである。「理性の真理から意見への移行は、単数の人から複数の人間への移行を意味する」[☆20]。このアーレントの言葉とともに、カフカの『掟の門前』の結末を思い出しておくのも無駄ではあるまい。


『だれもがみな法を求めているというのに』、と男は言う、『この長の年月、わたしのほかひとりとして入れてくれと要求した者がなかったのはどうしてですか。』

門番は、男がすでにいまわの時にあるのを知り、薄れてゆく聴覚にもとどくように大声でどなる。

『ほかのだれもここで入る許可を得るわけにいかなかった。なぜならこの入口はおまえだけに定められていたからだ。では行って門を閉めるとするか。[☆21]』

法の門をたたいたこの男は、まさしく「田舎の男」であり、単独で行動している。彼は都会を知らず、たくさんの人びとが集まる公的な場に身を現すことを知らない。彼は一人で法の門をたたくが、中に入れてはもらえず、最後に法の入口は閉ざされてしまう。だが、その待機の最後に、彼は「法の門から一筋の光がこうこうと輝き出るのを認める」。この啓示にも似たものを得た直後に、――だがそれはまた臨終の時でもあるのだが――彼は尋ねる、なぜここにほかの人間がいないのか、と。このことは、田舎の男が単独者であったがゆえに法へのアクセスが断たれたということを、意味しているのだろうか。謎めいたカフカの物語は容易にその意味を決定することを許さない。とはいえ、そこに次の問いかけを読みとってみたい。単独者としてではなく公共空間における複数者としてアプローチするとき、法からの閉め出しと門前払いとは異なる法へのアクセスが存在するのではないだろうか。

この疑問に答えるために、法と正義を、哲学的根拠からではなく、もっぱら政治的に考察する手がかりとして、アーレントが『暴力について』の追録11に記した次の一節を読んでみよう。

普通にみられるジレンマ――法は絶対的に正当であり、それゆえに不滅で神的な立法者を必要とするか、それとも法は国家による暴力の独占のみを背景にしたたんなる命令である――は思い違いである。すべての法は「命令的(imperatives)であるよりも指導的(directives)」

である。ルールがゲームを指導するように、法は人間関係を指導する。そして法の正当性の究極の保証は、古きローマの諺「約束は守らねばならない」(*Pacta sunt servanda*〔協定と条約の不可侵〕)である。[☆22]

ここでアーレントは、⑴法を命令とみなし、その絶対的な根拠を求めようとする考え方は、まったくの「思い違い」(delusion)であり、⑵にもかかわらず「法の正当性の究極の保証」は存在し、それは「約束は守らねばならない」にある、と述べる。つまりここでは、正義の問題を、⑴哲学的な根拠づけの問題設定から解き放ち、⑵それを改めて政治的な根拠――むろんそうした「根拠」自体がなんであるかが問われねばならないが――から捉えなおすという、二重の提言が表明されていることになる。順を追ってそのそれぞれについて検討してみよう。

アーレントはまず第一に、権威の絶対的源泉を確保し法の絶対的妥当性を証明しようとする試み、一言でいえば絶対者の要請にまつわる厄介な問題が、必ずやアポリアに帰着し、解決不能な悪循環に陥らざるをえないことを、とりわけフランス大革命を例に『革命について』で詳しく論じている。それと同時に、こうした問題設定がある特殊歴史的な文脈で生じたのであって、けっして法の源泉を考える唯一の道ではないことをも示そうとしている。その証拠に、絶対者の問題設定をほぼ回避しつつ成功を収めた例として、アメリカ革命を挙げることができる。逆に、旧大陸の革命が絶対者の問題に拘泥したのは、「人間のつくった実定法に妥当性を与える絶対者の問題全体が、部分的には、絶対主義の遺産である」[☆23]からである。さらに絶対主義が宗教的な権威の認証にもとづいていたように、法解釈自体が神の戒律と重ね合わされてきた歴史がある。

問題は、法自体が戒律（commandments）と考えられ、「汝、～を為すなかれ」と人びとに語る神の声として解釈されるようになった、ということである。このような戒律が、より高い宗教的認証なしには、拘束的なものとなりえないのは明らかである。法を、同意や相互協定と関係なく服従しなければならない戒律だと解釈する場合にはじめて、法は、それに妥当性を与える権威の超越的源泉、すなわち人間の権力を必ずや超えた起源を必要とするのである。

[*Ibid.*]

法における絶対者問題の根底には、法を神の戒律として、すなわち命令と服従という単純な関係において理解する考え方が横たわっている。法にまつわる神的原理や超越的認証の問題をアーレントが「思い違い」と断ずるのは、法を命令－服従の関係に依存しないものとして、むしろ人間相互の支持と約束の在り方として考えることがつねに可能だからである。「古代ローマも古代ギリシアもこの問題に悩まされることがなかった」[☆24]のは、そこには命令を本質としない法の「支配」があったからである。つまり法が無条件の服従を要求するものではなかったがゆえに、無条件的な権威を拠り所にする必要がなかったのである。したがってこの「難問」は不問にされ、それがいかなる不都合も生ぜしめなかった。

こうして法の概念を系譜学的に遡及していくなかで、法と暴力を根源的に結びつける考え方も見直しを迫られる。事実アーレントは、権力（power）と暴力（violence）を完全に区別する点で、二つの意味を《Gewalt》に含めて論じるベンヤミンそしてデリダと全く対立すると言ってよい。[☆25]彼女にとって権力と暴力の不可分性は見せかけのものにすぎず、ただ法の問題を命令－服従の単純な関係とみなす考え方から生じるにすぎない。

ある確信のようなものが存在し、それによれば、もっとも主要な政治問題は《だれがだれを支配するか》というものであり、ずっとそうであったというものである。権力、力（strength）、強制力（force）、権威、暴力——これらはいずれも人が人を支配する方法を示すものであり、同一の機能を果たすために同義語と考えられている。しかし、公共の事柄を支配の仕事に還元することをやめてはじめて、人間が営む事柄の領域の原初的資料が日の目をみる、あるいはむしろ、その真実の多様性においてふたたび現れるだろう。[☆26]

服従を求める命令が有効であるためには、暴力が欠かせない。だが問題は、権力とは「暴力という手段からなる人による人の支配を実践するものである」[☆27]という解釈そのものにあるのだ。もしも権力とは、命令せずに指導し、服従を強要せずに従われるものであるとすれば、暴力は権力にとって非本質的であるばかりか、かえって権力そのものを損なうものとなる。権力と暴力の分離は、アーレントにおいては明快である。

暴力（violence）はつねに権力（power）を破壊することができる。銃身から発する命令（command）はもっとも効力があり、即刻完全な服従（obedience）をもたらす。銃身から絶対に生まれてこないのは権力である。[☆28]

この記述で明らかなように、暴力は支配・服従をもたらすが、複数の人びとが互いに認めあうなかで生じる権力を「破壊」する。つまりアーレントによれば暴力と権力は「同じものではない」のみならず、「対立」[☆29]するものでさえある。全体主義の猛威をくぐり抜けてきたアーレントにとって、権力と暴力の結託がもたらす最悪の結果は周知のものであった。だがまた、権力の真空状態も危険であることに変わりはない。伝統的な権威や権力の崩壊、つまり人びとの前政治的な「自然状態」もまた、最悪の暴力を招致せずにはいないのであれば、権力の廃絶は危険なユートピアである。

したがってアウシュヴィッツ以後の権力論においては、権力と暴力の同一視を自明とみなさないことが、そして暴力の廃絶——ただしより高次の暴力によってではなく——の可能性が、問題となる。

とはいえ、権力と暴力の分離の問題に決着がついていないことは明らかであって、アーレントのいう暴力を前提としない権力においてすら、その起源における暴力が存在していることを確認しておかなければならない。はじまりには暴力がつきものであることは、革命という始源の暴力を考察したアーレント自身が指摘している。「暴力ははじまりであった[☆30]」のだし、「どんな政治組織を人間がつくりあげてきたにせよ、それは犯罪に起源をもっている」〔同前〕。彼女が近代で唯一成功したとみなすアメリカ革命にしても、そこに「罪深く」「獣的な[☆31]」植民地支配の暴力があったことは否定できない。だがアーレントによれば、そうしたものは、ポリスの法の作成行為同様、いわば「前政治的なもの[☆32]」であって、はじまり以降に成立した政治体や権力には属さないのである。問題は、支配／服従の関係に存しておらず、よって直接的な暴力手段によらずに成立する権力、暴力を構造的に前提とすることのない権力と法の可能性を見いだすことであった。この意味で、どれほど起源の暴力が存在したとしても、それでもなお暴力にもとづかない権力と法の成立を、アメリカ革命にアーレントは見ようとしたのである。

アメリカ革命の人びとは、権力を前政治的な自然的暴力とはまったく反対のものだと理解していた。彼らにとっては、権力は、人びとが集まり、約束や契約や相互誓約によって互いに約束しあうばあいに実現するものであった。互恵主義と相互性にもとづくこのような権力だけが真実の正統的権力であった。[☆33]

このようなアーレントの主張に対して、「前政治的な自然的暴力」と「暴力なき権力」の対立がどこまで有効かを問うことは可能であり、おそらく不可欠でさえある。起源の暴力はその後の権力をつねにすでに汚染し、その正当性についての疑問を突きつけないという保証はない。またこうしたアーレントの操作が、「「はじまり」のもつ「恣意性」の暴力を結果的に隠蔽することになっているのではないだろうか[☆34]」という問いかけの余地はつねに残るからである。この問題は本書第Ⅲ章で詳しく論じることになる。さしあたり確認しておきたいのは、アメリカ革命のはじまりには暴力もあったが、アーレントによればまた非暴力の契機、すなわち「全国の自治制度にすべて具現されていたために当然なものとして理解されていたような権力」の素地があり、それが約束にもとづく——つまり暴力にもとづかぬ——権力の支配する革命を準備したのである。こうした説明がどこまで妥当かは歴史学の批判を待たねばならないが、いずれにせよ、アーレントにとってアメリカ革命は、命令／服従の支配によらない、したがって暴力を必ずしも前提としない権力の在り方のパラダイムとなった。

彼ら〔憲法をつくる権力を与えられた人びと〕はその権威を下から受け取ったのである。そして、彼らが権力の中心は人民にあるというローマ的な原理に忠実であったというとき、彼らは、それを一つの虚構や絶対者としてではなく、その権力が法によって行使され、法によって制限されているところの組織された複数者という、現実に動いているリアリティのかたちで考えていたのである。☆35

この引用部分で重要なのは、権力の権威が上からではなく、つまりより高次の法や超越的な絶対者からではなく、「下から」つまり複数の人びとの約束からやってきたという指摘である。こうしてアーレントは「権威の神秘的根拠」の問題を、根拠づけの方向を逆転させることによって解き、同時に権威の絶対的源泉や法の絶対的妥当性という「厄介な問題☆36」を解決しようとする。つまり法と権力の問題は、哲学的・神学的根拠から離れ、暴力の問題から分離され、複数の人びとの相互の約束という政治的な根拠におきなおされる。とはいえ、「下から」やってくる権威ということの意味を、比喩的な言い回しから離れて、厳密に理解しなければならない。ここでさらに、この政治的な原理から正義の可能性がどのように定義されるのかを考察しておく必要がある。

というのも、アーレントが法や権力を基礎づけようとする「約束」は、一見壊れやすく、曖昧で、なにか主観的なものに属するはなはだ脆弱な保証のようにも思われるからである。そもそも人は絶対確実なことや、オートマティックに到来が予定されていることを「約束」しない。たとえば明日の朝に太陽が昇ることを「約束」することはない。むしろ未来において不確実なこと、あるいはほとんど不可能なことをこそ、人は約束する。つまり約束の可能性の条件は、それを守ることができないかもしれないという可能性、約束を破る可能性である。☆37 であるならば、どうしてそうした約束が、真実の正統的権力を基礎づけることができるのか、また正義の裁き——たとえばアイヒマンを裁く——をおこなう法をもたらすことができるのか。

法の原理としての公表性

われわれの考察の出発点となした引用部分で、アーレントはすべての法の「正当性の究極の保証は、古きローマの諺「約束は守らねばならない」である」と断言している以上、神的な絶対者にかわって法を最後に保証するものは、約束をおいてほかはない。彼女が「約束」にこれほどの価値を与えた理由を理解するために、《*Pacta sunt servanda*》という格言を、その裏側の命題である「嘘をついてはいけない」から考えてみよう。というのも、「嘘をつかない」という格率はカントの倫理思想にとってたんなる一つの例にとどまらず、カントによる法の基礎づけの問題へと直接通じているからである。

死の直前におこなった『カント政治哲学講義』の第三講でアーレントは、カントの『人倫の形而上学の基礎づけ』から、必要にかられやむにやまれず嘘をつく人の例を引いている。「たとえばつぎのように問うてみよう。私は、私が窮境にあるとき、それを守らないつもりで約束をしてはいけないのかと」[☆38]。この問いに対しカントは、嘘をついて一時的に得をするのと、後々信用を失うのとどちらが得かという議論を最初に紹介する。しかしそれは結局、どちらが自己に有利かという私的利害を論じているにすぎない。こうした個人の利害計算の議論を打ち切るかのように、カントは一つの判断［たとえば「嘘をついてよい」］が公にされても成立するか、という判断基準に移る。その議論を、アーレントは次のように紹介している。

私は自分だけの特例として嘘をつくことを意志しうるが、しかし「嘘をつくことが普遍的法則であるべきだ、と意志することは決してできない。なぜならそうした法則によると、いかなる約束も存在しなくなるだろうからである」。また別な例で言えば、私は盗みをしたいと思うことができるが、しかし盗みをすることが普遍的法則となることを欲することはできない。なぜならそうした法則によれば、いかなる所有も存在しなくなるだろうからである。カントにとって、悪い人間とは、自分自身のために例外を設ける者のことである。それは邪悪を意志する人間ではない。なぜならカントによれば、こうしたことは不可能だからである。したがって、ここでの「悪魔の民族」とは、普通の意味での悪魔ではなく、自分自身を「秘かに免除しようとする傾向がある」人びとのことである。肝心なのは「秘かに」という点である。彼らはそれを公におこなうことはできないだろう。なぜならその場合には、彼らは明白に共通利害に敵対することになり、人びとの敵〔……〕となるだろうからである。そこで政治においては、道徳とは異なり、すべてが「公的行為」に依存する。[☆39]

このように「自分自身のために例外を設ける」ことは、私的な利害を満足させることがあっても、他者の犠牲によって可能になるものである場合、それは公の場では通らない。公的領域では、そうした私的な利害のみで行動することは否定される。カント的な言い方をすれば、「汝の行為の格率がつねに普遍的法則となりうるように行為せよ」という定言命法に則っているかどうかが、公の場で公開されることで問われることになる。すべての人への公表に耐えうる行動を自分に課すことで、私的利害にもとづく行動から、人間は「公的行為」へと移行することができるのである。つまり、アーレントもいうように、この移行の試金石となるのは「公表性」(publicity ／ Publizität) という概念である。

カントは『永遠平和のために』で、この公表性を「公法の超越論的原理」と呼んで、次のように定式化している。

「他人の権利に関係する行為で、その格率が公表性と一致しないものは、すべて不正である。」[☆40]

「公表性と一致しない」すなわち「公表がはばかられる」ものは、ある特定のものの利害のみを優先するものであるがゆえに、「すべての人を脅かす不正」[☆41]となる。つまり公表され公の判断に耐えうるものとなることによってはじめて、[☆42]ある行為が特定の人間の便宜をはかるものではないかという一切の不信が遠ざけられ、その結果その行為が「公衆の普遍的目的に即応して」[☆43]いること、公平で正義にかなっており、すべての人に普遍的に妥当することが認知されるようになる。

カントは「公表される可能性を欠くといかなる正義も存在しない」[☆44]とまで言うが、重要なのは、ここでいう「正義」が人びとの善意や意図の正しさ、目的の正当性などには依存しないということだ。完全なる公表性のなかでは、たとえ「悪魔の民族」ですら「よき市民」とならざるをえない。そこには絶対的な善の要請も必要なければ、性善説を仮定する必要もなく、善と悪を分かつ確実な基準がなくても、ただ人間が一人ではなく多数で存在し、公の事柄についてすべてが公開されているだけで十分なのである。であるからこそ、カントは「公法の一切の実質（国家内における人間のあいだの、また諸国家相互のあいだの、経験的に与えられたさまざまな関係にかんする）を私がすべて捨象しても、なお公表性という形式が残る」〔同前〕とすることができたのであり、この公表性を、経験に依存しないが「証明を欠いても確実であり、しかも容易に適用できる」[☆45]「超越論的原理」としたのである。

約束を守ること、嘘をつかないこと、これを法の正当性の究極的保証となしたとき、アーレントが依拠していたのは以上のカントの議論である。彼女のいう公共性は、人びとが特定の利害から離れて行動する領域と定義することができる。つまり公的な活動を特徴づけるのは没利害性であるが、この没利害性を可能にするのもやはり公表性にほかならない。なぜなら、人は単独ではつねに自分の私的利害を追求する[☆46]自愛の原理を生きているものだが、公表性の規則が適用されれば、公益に反するものは抑制され、世界市民的な立場に立つことを余儀なくされるからである。[☆47]つまり公表性は没利害性のための可能性の条件である。[☆48]すべてを公開する他者との共存によってはじめて、人の判断は個別的な利害から超越することができ、個人的なものであれ集団的なものであれ、一切の特殊利害を払拭した公平さに、つまり正義に到達することができる。注目すべきは、公共空間においてはかならずしも「善き意志」は必要ではなく、ただ複数者の存在があれば正義は十分に基礎づけられると考えている点である。「善き意志」にもとづく「道徳」は、いまだあまりに個人的である。アーレントは、道徳から倫理への、モラルの公共論的転回を強調する。それゆえにこそ、政治的判断力を語る際に、彼女は『実践理性批判』ではなく、『判断力批判』のカントを参照しようとする。

アーレントは、第二批判の定言命法ないし「わが内なる道徳法則」にではなく、つまり他者から独立した自己の行為に関わるものとしてではなく、複数者のあいだでの公表性という事実そのものにもとづいて、公法を基礎づけうると考えたのである。☆49

カントはさらに、公法の超越論的原理たる「公表性」に関して次のように言う。「この原理は、さらに言うと、たんに消極的なものである。つまりこの原理は、それによって、他人に対してなにが正しくないかを認識するのに役立つだけのものである」〔同前〕。つまりそれはなにが正しいかを言わず、積極的なものであらず、つまり命令を下さず、服従を直接求めない。つまりこの原理は、不正なものから人を遠ざけるだけの、指示的で制限的なものにすぎない。だからそこで人びとは、ある「正しさ」の理解を共有する必要はない。むしろ意見の一致は視点の多様性を奪う有害なものである。ただ不正のみを認識させるこの原理は、なんら暴力的ではなく、同質化を強要する暴力すらも、つまりコンセンサス形成暴力およびそこからの排除暴力の可能性をも逃れている。それは命令／服従を本質とする法ではないので、その根拠に絶対的な権威を必要としない。

まさにこの「公法の超越論的原理」を念頭においていたからこそ、アーレントは、法と正義を哲学・神学のジレンマから解き放ち、複数の人びととの共存という事実そのものから、つまり「下から」「政治的に」根拠づけることが可能であると考えたのである。では、かかる「消極的」な原理が、それでもなお、どのようにして人を裁き、処罰を下し、制裁を科し、正義をおこなうことができるのだろうか。アイヒマン裁判こそは、アーレントがこの問題に正面から取り組む絶好の機会を与えてくれるものであった。

この裁判をイスラエル国家のための見せ物《スペクタクル》と化すことに終始批判的だったアーレントは、いかなる利害——たとえ一つの民族や国家といった集団の利害であったとしても——にも左右されない公平な裁きがおこなわれること、すなわち正義がなされることを求めた。その際に彼女を導いたのはやはりカントであるように思われる。アイヒマンを裁く上での主な困難は、国家によって犯罪が合法化されていた時代に、その法に則って犯罪に手を貸した人間は有罪か、という問題に由来する。ヒトラーの命令がそのまま法となる時代にあって、それに服従し、法を守る義務を果たしたと主張する人間を裁くことができるのか。この問題をあつかった『イェルサレムのアイヒマン』第八章は、まさしく「法を守る市民の義務」と題されているが、ここにカントの名前が出てくるのは偶然ではない。そこでアーレントは、アイヒマンがカントの定言命法を知っていたことに言及する。

ところが誰もが驚いたことにアイヒマンはカントの定言的命令のおおよそ正しい定義を下して見せたのである。「私がカントについて言ったことは、私の意志の格率は常に普遍的な法（general laws）の格率となり得るようなものでなければならないということです。」（泥棒や人殺しはそうではない。なぜなら泥棒や人殺しをする人間が、自分から盗みもしくは自分を殺す権利を他人に与えるような法制度のもとで生きることを望むなどということは考えられないからである。）さらに質問されて彼は、自分はカントの『実践理性批判』を読んだことがあると答えた。それから彼は、「最終的解決」の実施を命じられたときから自分はカントの原則に従って生きることをやめた、そのことは自覚していたが、自分はもはや「みずからの行為の主」ではなく、「何かを変える」ことは自分にはできないと考えて慰めていたと説明を試みた。[☆50]

問題を複雑にしているのは、アイヒマンがカントに反してと同時に、カントの名において行動したということである。結局彼は「普遍的な法の格率[☆51]」を狭く解釈し、総統の声がそのまま法であるとする「第三帝国の定言的命令」（「総統が汝の行動を知ったとすれば是認するように行動せよ」）にねじ曲げ、けっして世界市民的な立場から是認しえないものを――つまりカントに反して――「普遍的」命令として受け取り、それを果たす「義務」を忠実に実行した。

だがアイヒマン自身、それが「カントの原則に従って生きることをやめる」ことにほかならないことを十分知っていた。というのも、「最終的解決」は、つまりある民族を無差別に殺戮し絶滅をはかるという命令は、けっして自分自身に適用できないものであり、その意味で公表にたえない、不正のものだからである。自分たちだけを例外とする行為をおこなったことによって、カントの定言命法にアイヒマンは違反したのであり、よって、彼は裁かれねばならない。アーレントが最後にアイヒマンに下す宣告は、次のように締めくくられる。

政治においては服従と支持は同じものなのだ。そしてまさに、ユダヤ民族および他のいくつかの国の国民たちとともにこの地球上に生きることを拒む——あたかも君と君の上官がこの世界に誰が住み誰が住んではならないかを決定する権利を持っているかのように——政治を君が支持し実行したからこそ、何人からも、すなわち人類に属する何ものからも、君とともにこの地球上に生きたいと願うことは期待し得ないとわれわれは思う。これが君が絞首されねばならぬ理由、しかもその唯一の理由である。[☆52]

ここでは死刑の是非について問うことはせず、ただそうした宣告を正当化する論理のみを問題にしておこう。上の引用部分のすぐ前で、アーレントは「報復」という考え方を退けつつ、にもかかわらずこの報復こそが死刑を要請する、と述べる。「ある種の〈人種〉を地球上から永遠に抹殺することを公然たる目的とする事業にまきこまれ、そのなかで中心的な役割を演じたから、彼は抹殺されねばならなかったのである」。つまり報復の論理は、高橋哲哉が「ジャッジメントの問題」で指摘しているように[☆53]、彼女の起草する死刑判決文の中にやはり働いている。しかしそれだけがこの判決理由を支えているわけではない。たとえば次に引用する『暴力について』の追録11の一節に、アイヒマン有罪判決の「理由」を求めることも十分可能である。

制裁を加えることは法の本質ではないのだが、法の制裁は、法を支持しながら自分自身に対してだけ［法を破るという］例外を設けようとする市民に対して加えられる。泥棒ですら、自分が新しく獲得した財産を政府が保護することを期待する。もっとも古い法制度がいかなる制裁も含まなかったことは指摘されている［……］。法破りに対する罰は追放されるか無法者になることであった。法を破ることによって、犯罪者はその法律の上に構成されている社会の外側に自己を追いやったのである。[☆54]

アーレントはここで法の制裁を、カントの公法の超越論的原理たる公表性の原理――自分自身にだけ法の例外を設けようとするものは不正である――から説明し、その制裁の内容を法が支持される場からの「追放」として捉える。この論理はまた、先に引用したアイヒマン判決の最後の文を支えるものである。つまりある民族と生きることを拒むということは、自分自身には適用しえない政治を支持することであり、不正である。その制裁は、「何人からも、すなわち人類に属する何ものからも、君とともにこの地球上に生きたいと願うことは期待し得ない」とすること、すなわち「追放」にほかならない。彼の不正の規模はきわめて大きく、一民族にとどまらず全人類に対しての犯罪行為と考えられるのであり、「人類に属する何もの」もこの殺人者と一緒にあることを望まぬほどであるので、彼は全人類から「追放」されねばならない。

おそらくカントの「消極的な」法の原理から導き出されるのはここまでである。つまりアイヒマンは有罪であり、追放に値するというところまでである。この「追放」から「死刑」までにはおそらく飛躍があり、それをもたらしたのは「報復」の論理であるとみなすことができる。とはいえ、アイヒマンの有罪判決がカントの定言命法に則って下されていることにかわりはない。このように正義の問題において、アーレントはつねにカントに忠実であったと言えよう。

アウシュヴィッツの後に、はたして正義は可能であろうか——デリダからベンヤミン、そしてアーレントの読解を経てもなお、決定的な答えは出せないだろう。ベンヤミンとデリダが示したのは、正と不正、法と暴力といった通常の区別がまったく崩壊してしまうなかで正義を肯定することの困難であり、同時に正義の呼びかけそのものの強靱さであった。アーレントはアウシュヴィッツの廃墟から出発しながら、正義を可能にする可能性をカントの読みかえしに求めた。ともに課題は他者を自己固有化することなく、まったき他者のまま、彼ら彼女らとの関係を開くことであった。むろん正義が与えられるものではない以上、こうした他者に開かれていくことのなかに正義を

「なす」可能性が、まだ問いとして残りつづけているのである。

くりかえすが、正義において問われているのは、複数の他者のあいだにある自己のありようである。かりに単独者としての自己があったとしても、公共性においては、別の存在へと変容しなければならない。正義とは、自己中心性の原理からの脱却という契機を含まずにはいない。であるならば、公共性を語ることは、同時に主体の自己性を問いただし、それをラディカルに脱中心化することに通じている。次章では、公共性にさらされた主体の問題を、もっぱらアーレントのテクストに依拠しながら論じてみたい。それは、公共領域における主体の脱構築を検討するにとどまらず、最終章で語られるカタストロフィックな公共性と共同体の脱構築が一致する可能性に、道を切り開く作業ともなるだろう。

II　公共領域における主体と他者

——アーレント、カント、ハイデガー

だがこの〈モノ〉はわれわれを見ており、そこにいるのにわれわれがそれを見ていないのを見ている。亡霊の非対称性は、ここであらゆる反射関係を遮断してしまう。われわれはそれを目庇《まびさし》効果と呼ぼう。われわれは見られているが、だれがそうしているのかをわれわれが見ることはない。〔…〕この亡霊としてのだれか他なるものはわれわれを見つめ、われわれは見られているのを感じている、だがそこにはいかなる同時性もなく、われわれの側のまなざし以前に、またそれを超えて、絶対的な先在性と非対称性において、絶対に統御不可能な不均衡において、そうあるのである。ここでは時間の錯誤が支配する。われわれはあるまなざしに見られているのを感じるが、それとまなざしを交わすことはつねにできない、これが目庇効果であり、そこからわれわれは法を受け継ぐのである。（Jacques Derrida, *Spectres de Marx*, Galilée, 1993, pp.26-27.）

他者の存在をどう論じ、どう根拠づけるか、いわゆる他者論は哲学的には難問とされるが、しかし政治的洞察に限ってみれば、他者の存在はむしろ自明の前提である。政治的思考は、哲学的な根拠づけの問題や認識論的な手続きの問題――「自己」とはなにか、「他者」とはなにか、それらはどのようにして認識あるいは了解されるのか――にあまり拘泥することなく、じかに政治的事象である対人関係のなかでの人間のあり方を問う。複数の人間の関係性全体のなかで、個々の存在のあり方や組織が吟味される。さらにそこで問題となるのは、認識や真理ではなく、むしろ判断と決定である。

だがそれゆえに、政治的思考の中には、伝統的で「形而上学的」とも言えるような概念装置が無批判にまぎれこんでいる危険がある。たとえば政治における「自由」や「平等」を論じるためには、すでに「人間」という概念を前提にしていなければならず、しかもそれは、欲求と意志を持ち、自己決定能力を備えた責任ある主体でなければならないだろう。この「主体」は、それ自身巨大な哲学的伝統の中にあり、自己のみならず「共同体」についての言説をも決定してきたものである。[☆1]なるほど公共性の思考は政治的洞察に通じており、それゆえいわゆる哲学的思惟とは「別のもの」であるかもしれない。だがアプローチの違いがあるにせよ、いや違いがあるからこそ、政治的思考がそうした概念を問いただすことなく自明の前提としているならば、この素朴さは批判されなければならない。

この意味で、アーレントの言説もまた脱構築の批判を免れるわけではない。彼女の議論は、ギリシアに始まり啓蒙哲学を経てハイデガーにまで及ぶ西欧哲学全体を背景にしており、つまりプラトン以来の形而上学の歴史と無縁ではない。彼女がカントを援用するとき、同時に主観／客観の二分法をそのまま踏襲していることはよくあるし、政治空間はしばしば古典的な表象空間として描かれている。またギリシアのポリスを政治のモデルとするとき、ヨーロッパ中心主義的人間観を結果的に肯定していると思われる部分もある。[☆2]

そうした問題がありながらも、アーレントの描き出す公共空間の中の人間をここで取りあげるのは、そこに人間観についての重大な変更が書きこまれており、それが主体の脱構築と無縁ではないように思われるからである。アーレントが峻別した私的領域と公的領域においては、二つの領域に現れる人間は同じものではない。公的領域においては、私的領域そのままに人は行動するのではない（むろん人は他人を自分のたんなる道具や障害とみなして振る舞うこともできるし、人前で傍若無人に行動することもできる。しかしそれは私的領域やその延長上にある社会領域に固有の振る舞いであって、あくまで「反公共的」な態度である）。人びとの行動規範も、法も正義も、そして人間のあり方そのものも、公共の場において根本的に変化するべきものとされる。個人のたんなる寄せ集めでもなく、また共同体への一体化的融合でもなく、ある独特の公的人間の集まりが現出しているのであり、そこにはいわば公共論的転回とでも呼べるようなものが生じている。複数の他者の存在によって人間の自己中心性が還元されることによって、自己関係として定義されてきた「主体」の存在そのものが批判的に問いただされる。他者の存在から出発して人間を考察しようとするかぎりにおいて、公共性の思考は、自己現前としてとらえられた「主体」の思考とは異質の議論を提供することができる。つまりそれは自己中心的な「主体」の脱構築に通じているのである。

私的領域と公的領域

アーレントによれば、私的領域と公的領域の人間のあり方を区別するものは私的利害の有無である。たとえば家族に象徴されるような私的領域、そしてそれを侵蝕してひろがる社会領域は、人びとが自分（たち）の特定の利害を追求する場である。生存の必要を充たし、欲求の充足を求めるこの領域では、個別的な利害関係を中心にして人は行動する。そこに他者との交流はあっても、基本的に私的利害の共有や調整、あるいは葛藤・対立という観点から、つまり各自にとっては徹頭徹尾自己中心的な仕方で構造化されている。それに対し、あらゆる人があらゆる人に開かれてある公的領域は、自分だけに都合のいいやり方は不当とされ、すべての人に妥当するものだけが通用する場である。そこにおいては、他者を犠牲にして得られる利益が退けられるばかりでなく、自己中心的な観点から離れ、すべての人に妥当する観点に移行して振る舞うことが要請される。つまり、個人ないし一部の人間のみが共有する個別的利害の計算は破棄され、私的利害にもとづく自己中心性が還元されるのである。こうして公的領域は、人びとが特定の利害から離れて行動する領域である、と定義される。

ここに定義された公的領域における行動は、カントが『実践理性批判』で述べた定言命法「汝の行為の格率がつねに普遍的法則となりうるように行為せよ」とたしかに一致しているように見える。しかしカントの定言命法が「わが内なる道徳法則」とそれへの「尊敬」の念に、つまりあくまで自己の内面における良心との一致に原理をおくのに対し、アーレントによる公的な振る舞いは、複数の人間のなかに一緒に現れてあるという事実にのみ依拠している。つまり、前章の「公表性」についての議論で見たように、個別利害が払拭されるためには、人びとが公の場で互いに現れ、その姿が公開されるだけで十分である。そこには個人の「善き意志」も個人的道徳も必要ではない。ただ他の人びとの多様な観点に十分にさらされることによってのみ、私的な利害にもとづく一切のものが濾過されて、没利害的なものだけが残ることになる。

かくして公共性は没利害性によって特徴づけられるのだが、じつはこの利害からの離脱はただ公共性によって、つまり複数の他者との共存によって可能になるのだから、アーレントにおいて公共性と没利害性は異なるものではない。またそれゆえに、彼女は政治的判断力を論じるときに、カントの第二批判ではなく、没関心性を特徴とする美的判断力批判の議論をもっぱら参照したのである。アーレントによれば、『判断力批判』においては『実践理性批判』とは「別の思考様式」が強調されており、そこで個人の判断をその自己中心性から解き放つのは他者の現前である。

その思考様式は、たんに自己と一致しているだけでは十分ではない。むしろそれは、「他のあらゆる人の立場で思考し」うることを要件とするものであり、それゆえ、カントはこの思考様式を「拡張された思考様式」と呼んだ。［……］判断力は「主観的で私的な条件」から解放されていなければならない。すなわち、判断力は個人特有の性向――私的生活における各人の視野を通常規定しており、もっぱら私的に抱かれた意見であるかぎりでは正当であるとしても、しかし市場《アゴラ》に入るにはふさわしくなく、公的領域においてはまったく妥当性を欠いている――から解放されていなければならない。この拡張された思考様式は、判断力としてみずからの個人的な限界を乗り越える術を知っているが、他方でそれは、厳密な孤立や孤独のなかでははたらくことができない。つまりそれは他の人びとの現前を必要とし、「他者の立場で」思考しなければならず、他者のパースペクティヴを考慮に入れねばならず、他者なしではこの思考様式がはたらくチャンスを得ることはけっしてない。論理がきちんとしたものであるために自己の現前に依拠するように、判断は、それが妥当であるために、他の人びとの現前に依拠している。☆3

公的領域にふさわしい判断とは、「主観的で私的な条件」から解放されたもの、自己利害にもとづく視角から離脱してなされるものでなければならない。この判断の「拡張」は、ただ「他の人びとの現前」によってのみ可能になる。他者の存在がなければ、人は自己利害を放棄する理由がなく、よって私的な条件に規定された視野を手放す必要を感じないからである。判断は「他の人びとの現前」にさらされることによって、私的なものから公的なものへと転回し、普遍的とはいわないまでも、政治に参加するすべての人に妥当する一般的なものとなる。「他者の立場」で思考される世界は、その見方を最初制限していた私的利害が括弧に入れられることで、無関心とは異なる没利害的なパースペクティヴのなかに、あらゆる人に妥当するべき相のもとに現れる。これを公共論的転回と呼び、それがたんに思考様式のみならず、人間のあり方そのものにも及んでいることを次にみてみよう。

公共空間における主体の脱構築

あらゆる私的利害を超えた公共領域――この中で人間はどのような存在として現れるのであろうか。人間の利害は、その人間を取り巻くあらゆる関係――生存の基本欲求を満たす生物的なものから、家族や親密圏をへて社会政治的なものまで――によって規定されている。ある人間の利害関係を括弧にいれ、いったん捨象するということは、こうしたもろもろの関係から離れてその人間を見ることである。つまりその人の私的な欲求や必要、身分や階級、ジェンダーや民族、共同体への帰属といった事柄をもはや問題としないということだ。[☆4] ある意味で、私的利害を離れて「活動」する「政治的領域」の住人にとって、経済的・社会的な不平等や文化的な非対称性、あるいはジェンダーにまつわる差異は、公的領域のなかで非関与的なものとされているのである。このような括弧入れの是非およびその「政治的」機能については後に論じることにして、ここではまず、アーレントが描く公共空間のなかの人間のあり方を検討してみよう。

まず第一に、公的な場において、人は「なにであるか」という同定から解き放たれ、もっぱら「だれであるか」としてのみ問われるようになる。次はよく引用される一節である。

人びとは活動し話すことにおいて、自分がだれであるかを示し、その個人唯一の同一性（their unique personal identities）を積極的に明らかにし、こうして人間世界にその出現を果たす。他方その人の肉体的な同一性は、その人自身の行動がなくても、独自な身体の形態や声音のなかで現れている。その人が「なに」（"what"）であるか――つまりその人の特質、天分、能力、欠陥のことだが、それを人は見せることも隠すこともできる――の暴露とは対照的に、その人が「だれ」（"who"）であるかという暴露の方は、その人が言ったりおこなったりするすべての中に、暗黙のうちに含まれている。それを隠すことができるのは、完全な沈黙と完全な受動性だけである。しかしこの暴露をなにか意図的な目的として達成することなどまず不可能である。人はこの「だれであるか」を、その人が自分の特質を所有しそれを処分するのと同じ仕方で自分のものにしているわけではない。それどころか間違いないと思われるのは、この「だれであるか」が他人たちにはかくもはっきりと紛う方なく現れるのに、それは本人には隠されたままだということである。[……]

言論と活動の暴露的特質は、人びとが他人のためにあるのでも敵対してあるのでもなく、他人たちと共にある場合（where people are *with* others and neither for nor against them）——すなわちただたんに人間が一緒にいること（sheer human togetherness）のなかで、前面に出てくる。[……]活動には、その行為者ならびに行為を暴露するという固有の傾向がある。それゆえに、活動が全面的に姿を現すために、かつて栄光と呼ばれていた光輝く明るさ（the shining brightness）が必要である。そしてこの明るさはただ公的領域にだけ存在する。☆5

アーレントは公共の場における人間から、その人が「何であるか」（what）を切り離す。この操作によって切り離されるのは、その人の肉体的同一性（またそれに結びつくジェンダー的、エスニック的、人種的同一性）だけではない。さらにはその人の才能や天分、能力や欠陥といったもの、一言でいえばその社会的有用性もまた括弧に入れられてしまう。この「公共論的還元」の操作をへて、ある人間が、彼(女)を取り巻く一切の利害関係から解き放たれて、その人自身の姿を現す。公的領域において、人は開示態におかれる。つまりすべての人の前に出頭し、前面に出て、「なんであるか」を脱ぎ捨て、その姿「だれであるか」をさらけだす。この公共領域においては、人びとの在り方は、利害の共有でも利害の対立でもなく(neither for nor against them)、ただたんに「共に」あり、「たんなる人間の togetherness」とされているのである。人は、全方位から見られ隈なく判断されることによって、特定の利害がもたらす偏った見方から解放され、すべての人が認めるような姿を暴露する。隠れなき存在の露呈をもたらすアーレントの公共空間は光(の比喩)に満ちている。この輝きの空間に入ることは「第二の誕生」[*HC*, p.176, 二八八]にも喩えられるが、それが可能になるのは、利害関係というへその緒を切ることによってなのである。

ここで重要なのは、まさにあらゆる人びとに開かれている人の「だれ」を、その当人だけは知ることができないという、アーレントの驚くべき記述である。「この「だれであるか」が他人たちにはかくもはっきりと紛う方なく現れるのに、それは本人には隠されたまま」である。そればかりか、本人はこの自分の存在を隠したり偽装したりすることもできない。つまり「自分のものにする」ことはできず、さらに「暴露」を意図的な行為としておこなうこともできない。その人の「だれであるか」は、本人が統御することも所有することもできず、また知ることもない。この自分以外の人びとに現前している「おのれの姿」は、本人にだけは現前することがない。ここではデリダの言う「目庇効果」に人はさらされてはいるものの、だれかに見られているかを知ることはなく、自己現前が断ち切られたままなのである。

知の源泉を自己意識に――デカルトであれヘーゲルであれ現象学であれ、自己への関係としての「主体」に――求める近代以降の哲学にとってじつに驚くべきこの記述は、ほかでもくりかえされる。「活動と言論によって人間は自己自身を暴露するのであるが、その場合、その人は自分が何者であるのか知らないし、いかなる正体を暴露するか、前もって計算することもできない」〔*HC*, p.192, 三二二〕。しかしながら、この自己現前なき他者への現前という事態は、もしも偏りのない見方が「没利害的」なまなざしによってのみもたらされるとするならば、十分に説明可能である。そもそも人間は、自分自身に対する最大の利害関係者であり、必要・欲求・傾向性・傲慢といった「自己利害」から離れられないがゆえに、みずからに対して没利害的な関係を設定するのは困難である。カントの表現を用いれば、「もともと人間はすべて、最強かつ最深の傾向性（**mächtigste und innigste Neigung**）を〔自分自身の〕幸福に対してひとりでに抱いている」[☆6]。だからこそ、その人が「だれであるか」の暴露は、当人との利害関係のない他人たちによってよりよく行われるが、その正体は「本人には隠されたまま」なのである。また本人が自分の正体を飾ったり操作的に演出したりすることもできない。というのもそうした操作や演出自体がなんらかの利害性にもとづいた行動だからである。

かくしてアーレントの公共空間においては、私性は徹底的に削ぎおとされ、自己中心性は還元されてしまう。問題となるものは「相互主観性」ですらなく、自他のあいだの非対称性の深淵である。そこでは他者の現前と他者への現前はあるものの、自己現前が奪われているかぎりで、自己関係にもとづく「主体」、および自己現前性にもとづく一切のものが問題にされてしまう。したがって、アーレントの公共空間に「共に出現し」かつ「出頭」(comparution)を求められているのは、ただ「自己」のみならず、近代的「自我」と現前の形而上学の全体である。公共性における人間は、他者のもとに、他者と共に現れながら、他の人びとの聴取を受け、彼らの判断——それが法である——にさらされる。

この事態を「私」の側から見ると、それはラディカルな「自己疎外」にほかならない。私は私でありながら、自分自身がだれかを知ることすらない。それでもなお、まさに計算不可能なままに、人は自分の「だれ」を他者にさらけ出す。「人が行為と言葉において自分自身を暴露するとき、その人はどんな正体を明らかにしているのか自分でも分からないけれども、ともかく暴露の危険をみずから進んで冒していることはまちがいない」[*HC*, p.180, 二九二]。危険なまでに他者の視線に身をさらす公的領域の人間は[☆7]、それゆえ結末の与えられていない冒険に乗り出す「ヒーロー」であるが、むろんそれは「英雄主義《ヒロイズム》」と直接の関係はない[*HC*, p.186, 三〇二]。アーレントが記述する公共空間への第二の誕生は、他者の没利害的なまなざしに危険なまでに自己をさらしだすことを通して、自己現前を失い、同時に自己性を喪失する危険を冒すことへと通じている。

この主体の公共論的還元は重大な帰結を含むものだが、これまでその意義が十分に評価されてきたとはいいがたい。[☆8] それは、これまで支配的だった哲学的な思惟とはあまりに異質な「政治的思考」であったためであり、また同時に、アーレント自身がみずからの思惟を極限まで押し進めることなく、しばしば従来的な哲学の概念装置——とりわけカントのそれ——に後退しているからである。だが、それほどまでにこの自己現前の剥奪は、とりわけ哲学的な言説にとって、ほとんど不可能であり、いずれにせよ耐えがたいものであることを思いおこす必要があるだろう。アーレントにおいて、人びとの「活動」は他者にさらされるものでありながら、「自己」に回帰することはなく、それを自己固有化する可能性は原則的には与えられていない。「私的」なものから離れるとは「私」を失うことである。それゆえ公の場に現れることは自己剥奪であり、「人間は、自分のおこなったことの作者であり行為者であるというよりは、むしろその犠牲者であり、受難者のように見える」[*HC*, p.234, 三六七]。そもそも、公的空間のなかでさらけ出される「正体」は、なにか触知不可能で言語化不可能なもの、捉えがたさによって特徴づけられるものである。

言論者であり行為者である人間は、たしかに、その「だれであるか」を明示し、だれの目にも明らかに見えるものである。ところが、それは奇妙にも触れてみることのできないものであり、それを曖昧さのない言語で表現しようとしても、そういう努力はすべてうち砕かれてしまう。その人が「だれ」（who）であるかを述べようとする途端、われわれは、語彙そのものによって、その人が「なに」（what）であるかを述べる方向に迷いこんでしまうのである。つまり、その人が他の同じような人と必ずや共通にもっている特質の描写にもつれこんでしまい、タイプとか、あるいは昔から言われる「性格」の描写を始めてしまう。その結果、その人の特殊な唯一性はわれわれからするりと逃げてしまう。［*HC*, p.181, 二九四］

こうして、ほかの「だれの目にも明らか」なものでありながら、その人の"who"は本人のまなざしには捉えられないばかりか、「触れてみることのできないもの」、言語で表現することもできないもの、それが生起しているその時のみに存在し、言語によって保存することもできなければ、それを定着させる触知可能な対象物につくりかえることもできないものである。

行為者と注視者

「わたし」以外の他者、しかも複数の没利害的な他者のもとにのみ現れるがゆえに、けっして自己に現前することのない、さらには言語であつかうこともままならない「正体」(who)——それゆえ哲学的な言説にとっては原理的に到達不可能であるこの「正体」を、しかしアーレントは最後に言説に回収しようとする。それがアーレントの物語論であり、記憶論である。

活動する人は自分のしていることをまったく知らないということ、そして活動者は自分が意図せず予見さえしなかった帰結について必ず「有罪」になるということ、その行為の結果がどんなに悲惨で予期しないものであろうとそれを元に戻すことはできないということ、その人が始める過程はただ一つの行為や出来事によってきっぱりと完結しはしないということ、その行為のほんとうの意味は、活動者にはけっして暴露されず、ただ自身は活動しない歴史家の過去を見るまなざしにのみ露わになるということ、こうしたことをすべて人間は知っていた。[*HC*, p.233, 三六六〜三六七]

アーレントは、あやうくもろい「活動」の「意味」を、事後的にではあれ最後に救い出すような、出来事超越的な視点を持ち出さずにはいない。それが「自身は活動しない歴史家の過去を見るまなざし」である。むろんここには、言語によって名指すことのできないはずのものが、歴史家の記述や物語によって暴露されるとみなすことにおいて、明らかな矛盾がある。だがこの矛盾——本来触知できないものを触知可能にする——こそ、アーレントが「物語」に担わせた機能にほかならない。

> 他人と異なる唯一の「正体」（*who*）は、もともとは触知できないものであるが、活動と言論を通じてそれを事後的に触知できるものにすることができる唯一の媒体、それが真の物語なのである。その人がだれ（*who*）であり、だれであったかということが分かるのは、ただその人自身が主人公である物語——いいかえればその人の伝記——を知る場合だけである。
> ［*HC*, p.186, 二〇二］

同様の記述はほかでもくりかえされる。

> この人格の不変のアイデンティティは、活動と言論のなかに現れるが、それは触知できないものである。触知できるようになるのは、活動者＝言論者の生涯の物語においてのみである。つまり、触知できる実体として、そのアイデンティティが知られ、理解されるのは、ようやくその生涯が終わってからである。いいかえれば、人間の本質——それは人間の本質

一般（そんなものは存在しない）でもなければ、その個人の特質や欠点の総計でもなく、まさにその人の「だれであるか」の本質である——が現れるのは、生命がただ物語のみを残して立ち去るときだけである。〔*HC*, p.193, 三一二〕

ここで「本質」という言葉が、しかもヘーゲル的な意味あいをこめて用いられているのはおそらく偶然ではない。ある人のアイデンティティは、ただ事後的に、それが完結したのちに、その「活動」には属さない後代のまなざしに開示される。この引用文を含む「ギリシア人の解決」と題された節では、「この活動のもろさにたいするギリシア人の独創的で前哲学的な救済手段（remedy）」〔*HC*, p.196, 三一七〕、すなわち「一種の組織された記憶」〔*HC*, p.198, 三一九〕であるポリスの創設が論じられている。物理的には外部を遮断する囲いによって、また語り継がれる物語によって、ポリスは、つかのま現れては消え去るべき「活動」を保持し、歴史のなかでそれを自己固有化する場となるのである。

しかしこの「救済手段」は、薬にして毒、すなわちパルマコンでもあって、アーレントがその公共論的転回によって払拭したはずの、再自己固有化の運動が、そして自己関係的な主体にまつわる概念装置の一式が回帰してこずにはいない。なるほど、歴史家であれ物語の語り手であれ、注視者の語りがもたらす正体の暴露と公共性のなかでの暴露は、アーレントにおいては同一の論理——

すなわち没利害的なまなざしにおいてのみ正体は露わになる——によって説明されるだろう。ここで「注視者」が暴露主体として特権化されているのは、それが「活動」に内属しておらず、また事後的であるがゆえに利害関係に曇らされることのない「まなざし」を持つことができるからである。「傍観者（onlooker）の洞察の実存的根拠は、傍観者の没利害性（disinterestedness）、すなわち出来事に関与しないこと、巻き込まれていないことにある」[☆9]。注視者は、空間的かつ時間的に距離をとって見ることができるがゆえに、公平で没利害的な判断を対象にくだすことができる。歴史家のとる「距離」こそは、公共空間における公開性とおなじ働き、すなわち私的利害の還元をもたらす。アーレントは没利害性を存在の暴露の要件とする点でつねに一致しており、この意味で、ベイナーが指摘するような「活動」から「観想」への移行がアーレントの思索の内的な対立をつくりだしているわけではない[☆10]。少なくとも、一見「注視者（spectator）」の優位と見えるものがあったとしても、それはプラトン的な図式にのっとった観想でもなければ「活動」の途絶でもなく、「判断」の没利害性を確保するための一つのあり方を述べているにすぎない。複数の人間の共在において、各人が他者に対して行為者でありかつ注視者となり、私的利害からの離脱を果たすことも可能である。「公的領域は演技者と制作者によってではなく、批評家と注視者によって構成される。しかもこの批評家と注視者の要素は、どの演技者と制作者のうちにもある」[☆11]。

しかしながら、最終的にすべてを見通すことのできる注視者＝語り手の設定は、記憶と表象可能性の問題を、また客観と独立に存在するかのような超越的な主観図式を、もう一度導入することにならないだろうか。そして、アーレントが公共論的転回で押し進めたものを、再び自己関係的な主体概念で解釈しなおす余地を与えてしまうのではないだろうか。単一の注視者のパースペクティヴに収斂する単一の「物語」は、結局のところ公共性と不可分のものである「複数性」の消滅ではないのか。これらの問題を以下で二つに限定して触れておきたい。

(a) 記憶と語りの政治性

第一に、アーレントの言う注視者は語られるものに没利害的に関与しなければならないが、この注視者自身は「活動」には属さず、ゆえに複数の他者のパースペクティヴにさらされてあるわけではないので、その没利害性はけっして保証されてはいない。そもそも、問題となる「活動」からの空間的・時間的距離が語りの公平さを確保してくれるというのは、必ずしも自明の事柄ではない。むしろ逆に、そこに居合わせていないこと、立ち会っていないことによって、注視者は事柄を自由に、いってみれば恣意的に解釈し操作することができるようになる。後代のものによる歴史＝物語の歪曲の可能性がつねにあるのであれば、アーレントが注視者の公平なまなざしに寄せる信頼はあまりに楽天的なものであり、歴史修正主義にまつわる「記憶のポリティクス」の問題を不問にしているという批判はつねに可能だろう。そもそも本来的には触知不可能で言語化できない「活動」を言葉に記憶すること、そのように「物化」してしまうことは、過ぎ去った「活動」を後代の利害関係に従って――たとえばポリスの「栄光」を讃えるというかたちで――利用可能にする手段であり、すでにして変形の操作である。「行為者と言論者を暗黙のうちに明らかにするという、活動と言論に特有の暴露的性質は、生きた流れにある活動することや話すことと解きほぐしがたいほどに結びついているので、この生きた流れは、一種の反復である模倣ないしミメーシスをとおしてのみ、表象され「物化される」(reified)」[*HC*, p.187, 三〇三]。つまり「物語」は違うレベルへの「翻訳=裏切り」であり、「生きた流れ」の物象化であるほかはない。それは、物語から排除された、語られもせず記憶されえぬものの忘却であると同時に、語られたものそのものとの「不一致」であり、歪曲である。

かくしてアーレントの記憶論は重大な問題を孕んでおり、高橋哲哉の指摘する「記憶と物語の古典的空間」への回帰や証言可能性をめぐる問題は、アーレントがもう一方で押し進めようとしていた主体の公共論的転回からの後退として論じることができる。つまり、彼女の公共論を記憶論と一体としてではなく、むしろ一方が他方を否定してしまいかねない緊張関係において考察することが必要なのである。高橋哲哉は「この〈記憶〉[すなわちポリスという一種の組織された記憶]の概念が、まさに〈政治的なもの〉の概念と不可分であるために、後者についてのあらゆる考察に寄り添って

[☆12]くる」と述べている。だが、両者が「不可分」で「一体」ですらあるのは、アーレントの言う「政治領域」を記憶が消滅と忘却から救いだし、持続可能なものとするかぎりにおいてである。換言すれば、アーレントの言う「活動」そのものは、かならずしも記憶や回想に関わりなく成立しうるのであり、記憶をその絶対的な可能性の条件としていない。ただ、公的領域がつかのまではなく存続し、それが成功のうちに完成するために、記憶の場が要請されるのである。じっさいルネ・シャールの言う「公的自由」の空間は、まさにそれを持続的な記憶となす可能性がないままに存在したのである。その言葉「われわれの遺産はいかなる遺言にも先立たれていない」（**Notre héritage n'est précédé d'aucun testament.**）は、証言や記憶が不在のままに真の政治的経験という「宝」がつかのま存在したこと、さらにはこの宝の名付けられないままの喪失を予期していたことを言い当てている。おそらくアーレントの記憶論は批判される余地があるが、それと一緒に公共性についての思考を断罪する必要もなければ、そうするべきでもない。そればかりか、この記憶なき場でも「公的領域」が〈つかのま、完成されることなく〉成立するとすれば、〈アウシュヴィッツ〉をはじめとする「それを表象する可能性を根こそぎにされた出来事」に対して、アーレントの〈政治的なもの〉をめぐる思考が無力であるかどうかを簡単に断定はできないのである。いずれにせよ、アーレントの公共性が、記憶の可能性が確保されていない場においてであっても、いやそうした場であるからこそ、なお意味をもちうるかどうかが問われなければならない。[☆13]

(b) 複数性を回収する主観

第二に、とりわけ晩年のアーレントにおいては、注視者の公平な判断が、複数の他者に公にさらされてあることよりも、むしろ他者の観点を自分のものにして考える能力、すなわち構想力と共通感覚に基礎づけられていく。このとき、自分には与えられないが複数の他者から見られた世界のリアリティが、もう一度ひとつの主観の内部で思考されるものとなる。すなわち「外に――そして他者に――たださらされてあること」であり、自己中心性の剥奪であり自己現前の喪失であった公共性が、主観ないし主体に再自己固有化されるものとなる。それは、アーレントが『人間の条件』で描き、哲学的思惟から区別しようとした純然たる政治的経験を、みずから哲学に、しかも前脱構築的なカントの哲学に回収しようとすることではないだろうか。彼女の最後の著作がカント政治哲学についての講義であったことは、示唆的である。たとえばその第七講から引用してみよう。

　ここでは、「公平性」という用語は言及されていない。その代わり、他者の考えを考慮に入れるだけ、自分の考えを「拡大する」ことができるという考えが見いだされる。「精神の拡大」は、『判断力批判』において決定的役割を演じる。それは「自分の判断を、他者の現実の判断よりはむしろ可能的な判断と比較し、自分自身を他のすべての人の位置に置くこと」によって達成される。これを可能にする能力は構想力と呼ばれる。［……］批判的思考は、すべての他者の立場が検査に対して開かれている場合にのみ、可能である。したがって批判的思考は、他方では依然として孤独な営為でありながら、自分を「すべての他者」から遮断しはしないのである。たしかにそれはずっと孤立しながら進むが、しかし構想力によって、それは他者を現前せしめ、そうすることで可能的に公共的であり、すべての面へ開かれている空間のなかへ入る。換言すれば、批判的思考はカントの世界市民の立場を採用している。拡大された心性をもって思考することは、自分の構想力を訪問に出かけるよう訓練することを意味する。☆14

むろんこの「精神の拡大」においても、問題は「私的利害」(self-interest)を削ぎ落とし、没利害的な判断を持ちうるようになることである。しかし、それは必ずしも現実の他者の現前を必要とせず、「孤独な営為」であっても可能であり、公共性を「自己」の思考のなかで可能的につくりだすだけでよい。そこにあるのは、もはや自己現前の喪失でも自己中心性の剥奪でもなく、逆に先入観から自由に自分自身で考える啓蒙された思考、つまり「自立的思考」(Selbstdenken)である。かくして公共性における思考主体は、他者に疎外されたままになるのではなく、反対に他者の思考を自分の内に取り込む「拡大された思考」(enlarged thought)となる。この肥大した啓蒙的「自己」において、公共空間にさらされたがゆえに失われてしまった自己中心性が取り戻される。かくして構想力の働きを強調する「後期」アーレントは、「主観主義的」カント理解を強めながら、伝統的な啓蒙哲学の立場に舞い戻る。公的な場における判断を「共通感覚」という「拡大された思考」に、つまりは一つの「主観」に位置づけることによって、それがどれほど没利害的な判断を生み出そうと、結局は一つの観点に他者の複数のヴィジョンを回収し、再自己固有化するに至る。

このように、アーレントは主体と思考の公共論的転回に取り組みながら、そのあらゆる帰結を引き受けようとせずに、むしろ伝統的な人間観——対象から適切な距離をとることによって中立的な批判的判断を下すことのできる主観——へと回帰していく傾向が認められる。まさにその点でアーレントの「政治哲学」は脱構築されるべき対象となる。だが、逆に脱構築との重要な接点ともなりうる公共論的転回の帰結については、いまだ突きつめて明らかにされてはいないのである。

没関心性、あるいはカントを読むハイデガー

人間というものは、私的利害のかたまりである。人の集団もまた、マルクスを援用するまでもなく、基本的に利害関係によって規定されている。にもかかわらず、人間を私的利害から完全に切り

離してしまうことは可能だろうか。アーレントの言い方を借りれば、その人の"what"を遮断し、ただ"who"のみを取り出すことが、その人の生身の経験を切り捨てる恣意的な捨象の操作となってはしまわないだろうか。齋藤純一は「意見を語る者の「何か」を括弧に入れることは、意見がそこから語られる経験の地平を捨象することを意味する。たとえそれが他から押しつけられたものであれ、「何か」としてのアイデンティティのもとで経験されてきた事柄は、やはり他に代えがたい内実をもつはずであり、もしこのそれぞれの経験の生きた形跡が消し去られるならば、「誰か」として語られる意見はむしろその実質を大きく失わないだろうか[15]」と問題を提起している。

ところがアーレントによれば、この切断の操作は、リアリティの喪失であるどころか、逆に真実のリアリティの出現であり存在の暴露を生むものとしてとらえられている。こうした考え方はカントの美的判断論そのものからだけでは十分に説明できない。通常のカント理解によれば、没関心性によって定義される趣味判断は、対象そのものから一歩引き退く構想力の作用であり、概念も目的もない合目的性をもつのであって、かかるものとして対象の現実存在に対しては本来無関心なものとされる。そこに「存在の暴露」といったモチーフはない。さらに、先にみた「公表性の原理」は、人間を私的利害から脱却させてくれる重要な原理であるが、カントにおいてはたんに「消極的なもの」にとどまっている。「この原理は、さらに言うと、たんに消極的なものである。つまりこの原理は、それによって、他人に対してなにが正しくないかを認識するのに役立つだけのものである[16]」。

それはなにが万人に妥当しないかをいうだけであって、一人ひとりの「だれであるか」の暴露にまで及んではいない。つまるところアーレントは、関心の遮断というカントの「消極的」操作に、存在の超越という「積極的」な存在論的出来事を見る。☆17 没関心性から存在の純粋な出現への飛躍、それはカントへの裏切りなのだろうか。いやむしろそれは、カントの美学についてのある積極的な読みこみである——そしてそこにカントを読むハイデガーがいる——ことを次に示してみたい。

ハイデガーは、無関心についての通俗的概念にまどわされてショーペンハウアーがカントを誤読し、その誤読にニーチェが追随していると指摘する。

美的態度、すなわち美に対する態度は、「関心をもたない適意」(interesselose Wohlgefallen)である。通俗的概念では、無関心(Interesselosigkeit)とはある事柄や人間に対する無頓着、つまりその事柄や人間をなんら意に介さないということである。美に対する関係、適意がカントによれば「無関心な」と規定されるわけであるが、それをショーペンハウアー的に述べると、美的状態とは、意志の保留、すべての欲求の静止、まったき安静、何ものをも意欲しないこと、無関心のままに身を任すことである。

ニーチェはどうであろうか。彼は言う。美的状態とは陶酔である、と。明らかにそれは、

「関心をもたない適意」の正反対であり、したがって、美に対する態度の規定におけるカントと鋭く対立する。そこから次のニーチェの所見は理解されよう。「カント以来、芸術、美、認識、叡知についての一切の論述は、〈無関心〉(ohne Interesse)という概念によって不純にされ、汚染された。」

カント以来、という。もしこれがカント「によって」の意であるならば、――そして現にその意なのであるが――私たちは否と言わねばならない。だがそれが、ショーペンハウアーによるカントの不純化以来の意味なら、まさにその通りである。そしてそれが、ひいてはニーチェ自身の意図をも不純にする結果となっているのである。美の本質を問うこの場合のみならず、認識、真理への問いの場合も、ニーチェがショーペンハウアーのひどく濁った眼鏡を通してカントを眺め、普段はあれほどにも鋭い偉大さへの彼の直覚を見捨ててしまうときは、いつもそうなのである。[☆18]

だがハイデガーによれば、カントのいう「没関心性」は、意志の保留や無頓着とはちょうど正反対のものである。

「関心」(Interesse)についての誤解は、関心の排除とともに対象へのあらゆる本質的関係が停止されるという誤った考えに導く。実際はその反対である。対象そのもの、純粋にそれ自体としての対象への本質的関係は、「没関心」(das ohne Interesse)によってこそ開始される。そのときはじめて対象が純粋な対象として出現するに到るのであり、そしてこの「出現するに到ること」が美を構成するのであり、こうした出現の輝く光のうちへの現出こそが「美しい」という語の意味することである。このことが見落とされている。[19]

ハイデガーによれば「関心」とはある事物に自己固有化的な関係を設定することであり、そうした関心を取り払うことで「出会ったものをそれ自体として純粋に、それ自体の位階、品位において現前」[20]せしめることができる。関心の除去は、対象がそれ固有の姿において現前するための――つまりは存在者の真理の暴露の――条件となる。アーレントはこうしたハイデガーのカント解釈をそのまま引き継いでいるがゆえに――ただしカントの公表性の原理、すなわち「没関心性」は公的な場に姿を現し、公表されてこそよりよく実現されるという原理を強調しつつ――、私的利害が括弧に入れられる公的な場では人びとの特異な正体が暴露されると主張することができたのである。だとすれば、アーレントの公共空間同様、先のハイデガーの引用箇所に光が満ちているのは偶然ではない。ラクー＝ラバルトによれば、ハイデガーのカント理解は、純然たる輝き出ることとしての美の根源的理解を通して、ロンギノスへ、またギリシア的な「崇高」の問題系につながっている。[21]

アーレントもまた、ポリスを「出現の空間」と呼び、その明るい輝きを次のように記述している。

［……］活動が判断されるのは、ただ偉大さという基準によってのみである。なぜなら活動の本質には、通常受け入れられていることを突破し（**break through**）、常ならざるもの（**the extraordinary**）に到達することがあるからである。そこではもはや、普通の日常生活で真実であるどんなものも当てはまらない。なぜならすべての存在するものは唯一無二で独特のもの（***sui generis***）だからである。トゥキュディデス、ないしペリクレスは、アテナイの栄光は「善きにつけ悪しきにつけその事績の永遠の記憶をいたるところに」残したことにあると見た。そうしながら自分が日常行動の通常の基準を断ち切っていた（**he had broken with**）ことを、よく知っていたのである。政治の術とは、デモクリトスの言葉でいえば、偉大で光り輝くもの（***ta megala kai lampra***）をもたらす仕方を人びとに教えることである。［*HC*, pp.205-206, 三三〇］

ここに書きこまれた二つの《**break**》は、すべての日常的なもの――われわれの言葉で言い換えれば、私的利害によって規定されるあらゆるもの――を断ち切りながら、この切断こそが偉大さの、すなわち崇高なる真理の光り輝く出現の条件であることを示している。このようにアーレントがギリシアへと回帰していく上で、カントがハイデガー的に読みかえされていく。[22] またそのかぎりで、公平で不正をただす「消極的」な公共領域に、存在の暴露（disclosure）のモチーフが混入してくる。つまりアーレントの公共空間はたんなる政治領域にとどまるのではなく、真理が与えられ、存在そのものが輝きでる非日常的な本来性の場なのである。

だが、アーレントとハイデガーを結びつける「没利害性＝没関心性」についての強い理解——それこそが存在の開示をもたらす——は、また両者を分かつところでもある。その違いは、日常的な関心のあり方を断つ、その仕方にある。アーレントによれば、利害関係によらない複数の他者にさらされることによって、人間の私的利害からの離脱が、そして没利害的なまなざしにおける出現が可能となる。ところがハイデガーにおいては、配慮（Besorgen）や待遇（Fürsorge）といった、現存在をさしあたり支配していた日常的な「関心」から解放されるためには、おのれの死の可能性に本来的な仕方で向かわなければならない。というのも、「死とは、およそなにかに関わり合ういかなる態度も、いかなる実存も、すべて不可能になることの可能性[23]（Möglichkeit der Unmöglichkeit jeglichen Verhaltens zu...）」であり、それに向かうことはいまだ一つの関心（Sorge）であるとしても、「人＝世間」（das Man）のうちに埋没した日常的な関心のあり方を絶つこと、その中断にほかならない。したがって死に向かうことはたんなる関心ではなく、「先駆」（Vorlaufen）という別の名で特別に呼ばれている。死という「実存全般の不可能性としての可能性[24]」のなかに進み出ることは、

「おのれのもっとも極端な可能性が自己放棄（Selbstaufgabe）であることを実存に開示し、このようにして、ひとがそのつど達成した実存への一切の固執をもうち砕く」[25]。複数の他者のいる公共性によって私的利害＝関心の中断がおこなわれるアーレントとは逆に、ハイデガーの「死への存在」では、ほかの人びととの配慮的共同存在すなわち「世間」から絶縁されてあること、つまり現存在の孤絶化が日常的関心からの離脱の要件となる。そこでは「世間（das Man）」は「公開性（Öffentlichkeit）の居心地のよさへの頽落的な逃亡」[26]として、否定的な仕方で語られるものである。[27]

アーレントの公共性の理論は、ほかの人びととの公開的な共在の意味を、ハイデガーが与えた否定的な刻印から解き放ち、逆にそこに（自己現前を欠いてはいるものの）存在の本来的開示の可能性を見いだそうとするものだ。そこには、ハイデガーが描く世間的公開性を特徴づけるものとはちょうど反対のもの——唯一性、卓越性と存在の暴露——が与えられている。[28]つまり公的領域への参入は、ハイデガーが死への存在の飛躍に見た日常的自己から本来的自己への移行にも比すべき、本来性への移行という意味をもつ。アーレントの公的空間は、ただたんに公平性や公表性が保たれる中立的な場にとどまらず、ハイデガー的な問題設定に踏みこんだものとなるのである。だがそれは、「本来性」や「真理」にまつわるもろもろの困難を惹起することを、次に見ておかなければならない。

まず、公的領域における存在の暴露を保証するために、言論や活動における「まじめさ」や「意図」のモチーフが入ってくる。たとえばアーレントは「権力」を「公的領域を存続させるもの」として肯定的に描くが、その成立の条件は以下のようなものである。

> 権力が実現されるのは、言葉と行為とが互いに分離せず、言葉が空虚でなく、行為が野蛮でない場合だけである。そこでは言葉が意図を隠すためではなくリアリティを暴露するために用いられ、そして行いは関係を破ったり壊したりするために用いられるのではなく、関係を樹立し新たなリアリティを創造するものとなる。〔*HC*, p.200, 三二二〕

かくして言葉は空虚であってはならず、行為と分離していてはならない。つまり語る者の隠れなき現前に結びついていなければならないとされる。言葉と行為、またそれらの主体とのあいだには隔たりがあってはならず、虚偽や歪曲や引用などが——一言でいえばスピーチ・アクトにおける「不真面目さ」が、排除されていなければならない。言葉とはこうした「現前」からの差異によって機能するものであり、またかかる「差異」こそが「現前」を構成しているにもかかわらず、アーレントは「現前するもの」との一致・不一致によって言葉を判断し、一致する言葉の上に「リアリティ」を打ち立てる。かくして公共領域を真理の暴露の空間としたために、まぎれもない現前の形而上学の諸前提を再導入せざるをえないのである。
なるほどここでもアーレントはカントの原理、すなわち没関心性にあくまで忠実であるだろう。つまり真実を暴露する言論を定義するのはやはり、個別の利害から十分離れているかどうか、という没関心性なのである。だがそれはまた別の根本的な問題を惹起する。まず次の引用部分をみてみよう。

行為において行為者が暴露されることがなければ、活動はそれ特有の性格を失い、その他もろもろの業績（achievement）の中の一形態になってしまう。活動はこうなるとまったく、制作がある対象を生産する手段であるのと同様に、ある目的のための手段でしかない。こうしたことが生じるのはきまって、人間が共に在ることが失われる時である。すなわち、人びとが他の人びとの敵か味方でしかないような時である。それはたとえば近代の戦争の場合であり、そこで人びとは自分側のためにそして敵に反対してある目的を達成せんがために、活動をおこない暴力を使用する。こうした例はむろんつねに存在してきたわけだが、そこで言論は実際「ただのおしゃべり」（mere talk）となる。それは敵を欺くために使われるにせよ、プロパガンダですべての人を幻惑するのに役立つにせよ、ただたんに目的のための一手段となる。ここでは言葉はなにものをも明らかにすることなく、暴露はただ行い自体から生じるだけである。そしてこの業績はもろもろの他の業績同様、「だれであるか」を暴露することはできない、つまり行為者の独特で特異な同一性を暴露することはできない。［*HC*, p.180, 二九三］

かいつまんで言えば、ある目的や利害のためになにかがなされると、それは活動ではなく「業績」になってしまい、暴露的性格は失われてしまう。「自分側のためにそして敵に反対して」、つまり個別的利害に従うならば、言葉は偽り（敵を欺く）、幻惑（プロパガンダ）、空虚（ただのおしゃべり）となる。つまり没利害性が厳密に成立していない限り、まともな「政治」――だがそれは利害を調整するための政治などではないことは明らかだ――は存在しない。重要なのは、アーレントが、すべてが利害で規定される戦争の例をとり、「こうした例はむろんつねに存在してきた」と述べていることである。とするならば、人間の「共に在ること」がもうすでに「利害」に汚染されており、私的利害の純粋な切断など存在していない可能性が「つねに存在」しているということになる。どれだけ人が集まり言葉が交わされようが、それが公開性を制限し真実を覆い隠すために、あるいは宣伝によって特殊利害を一般化するために「使用される」（この言葉こそは言葉の手段化＝利害への従属をマークする）可能性が残っている。いやむしろ、私的利害に汚染されていないような「この空間はつねに存在するとは限らない。すべての人が行為と言葉の能力をもっているにもかかわらず、ほとんどの人たちはこの空間に住んでいない」［*HC*, p.199, 三三〇］。結局のところ、アーレントの公共空間がつねにすでに利害汚染にさらされているのを認めることによって、このテクストは自己脱構築的な運動をおこなっている。こうして問題は振り出しに戻る。個別の利害を断ち切る人間の集まりは、つまり公的空間は、はたして存在するのだろうか。[☆29] 人間は、ほとんどつねに私的利害関係に圧倒されて生きているのではないだろうか。今日のメディア支配は公共空間を広告空間に変え、そこにさまざまな利害関係がいっそう巧妙に身を隠してすべり込む。シンボル操作や表象の政治はますます活発になり、利害なき空間の成立はますます自明なものではなくなっている。[☆30]

公共性への転回のために

以上で見たように、アーレントの公共論は、哲学的な主体の言説からの断絶という側面をもちながらも、同時にギリシアからカントをへてハイデガーに至るまでの西欧哲学の伝統に深く刻印されている。そこには、ギリシア的な物語論と記憶論が、主観主義的カントの啓蒙的「自己」が、ハイデガー的な真理論と本来性の次元が、しばしば問いただされることなく前提されている。ただそうしたすべてを通して、アーレントは利害関係の切断の操作につねに忠実であったのであり、この操作にもとづく「公共論的転回」は、ときにそこからの「後退」と見なされるものを含みつつも、従来的な（政治）哲学に対する根本的な問いなおしに通じている。ラディカルな脱主体化である公共論的転回とは、自己が、そして自己中心的に組織されてきた一切のものが、他者に――それも複数の、まったき他者に――送りかえされてしまうことであり、またそれを再び自己固有化する術をもたない、ということに存する。この意味でそれは、脱構築――あらゆる主体化の根本にある脱主体化を明らかにし、自己をまったき他者にひらく――の倫理と無縁のものではない。それのみならず、アーレントの「他者」はなにか超越論的存在として仮構されることなく、ラディカルに世俗化され複数化されている点において、レヴィナスや、それを参照するデリダにときおり見られる、「無限の他者」についての否定神学的な語りを逃れている。そこでは他者論もまた、従来の哲学的な問題設定を離れ、いわば「政治化」されることになる。

したがってわれわれには、この公共論的転回がもたらすであろう様々な帰結を、既知の思考図式に回収してしまうことなく、むしろそれを徹底化する方向で考え抜いていくことが残されている。本章の最後で、そうした帰結のなかでも重要と思われる二つのもの、すなわち、(a)支配的な表象の暴力からの解放と、(b)同一性の暴力への抵抗の可能性、を取りあげ、アーレントの政治思想の今日的な射程を探っておこう。

(a) 支配的な表象の暴力からの解放

齋藤純一は先に引用した「表象の政治／現われの政治」という論文で、「パーリア」と呼ばれる人びと、さらには支配的集団からネガティヴな烙印を押された人びとを救済する射程を、アーレントの思想の中に見ている。没利害的な公共性の中で、人びとの「なんであるか」が捨象され「だれであるか」に還元されることによって、さまざまな理由でスティグマを負った人びとが、支配的表象にあてがわれた負のイメージから離れて、公に姿を現すことが可能になるだろう。ユダヤ人であれ、女性であれ、ホモセクシュアルであれ、その人にまつわるマイナスの表象はその人の"what"とともに削ぎ落とされ、ただ"who"のみが、つまり「行為者の独特で特異な同一性」[*HC*, p.180, 二九三]が明らかになる。このようにして、アーレントの公共論的還元は劣位の属性を割り当てられてきた人びとに解放的に作用する可能性をもっている。

アーレントが描く公的人間は、自然的ないし生物的自己でも、心理的自己でも、社会的自己でもなく、また超越論的主体でもないのであって、それらが還元されて残った「アイデンティティ」は、その人の言論と活動のみを内容とするものである。その人の「なにか」が取り払われた後に残る、その人の「言論」(speech)と「活動」(action)のパフォームによってその都度「誕生」する公的人間像は、スピーチ・アクト理論に依拠するジュディス・バトラーに代表される「反本質主義」的人間観と結びつくものである。実際、ホーニッグによれば、アーレントのアイデンティティは「活動の前提条件ではなく、活動の産物」として扱われており、「行為者は存在せず、行為がすべて」[☆31]である。もはや行為主体として存在していない「わたし」のアイデンティティは、さらに複数の他者のあいだに回収不可能な形で散らばっている。それはいわば「撒種」[☆32]されてあり、自分ではそれを掌握することができない。アイデンティティは、ただ他者の前で演じられ、その目撃者によって判断されることによってのみ存在する新たな誕生である。このような「活動」をおこなう存在においては、いかなる「本質」――事後的に記憶や物語で構築されるものでないかぎり――も問題とならない。かくして公共論的転回を経たアイデンティティと、その都度パフォーマティヴによって（再）構築されるアイデンティティのあいだには明らかな親近性がある。とはいえ、両者をどのように分節するかは、容易ならざる問題として残っている。[☆33]ただきしあたり、抑圧解除の戦略は、アーレントとバトラーではまったく異なっていることを指摘しておこう。アーレントは人間を没利害的な「出現」に解消してしまうことによって、抑圧の力が働いている支配的な権力布置を括弧に入れ、中断する。ところがバトラーは、たとえばクイア理論に顕著なように、抑圧の力関係を逆にバネにして、抑圧的な社会装置を露呈させ、同時にその無根拠性を暴露していく。一方は利害関係を遮断し、他方は現実の利害関係を逆手にとってそれに介入しようとする。アーレントの公的人間にはジェンダーは非関与的にしか存在しないが、バトラーにとっては、ジェンダーの差異はフィクションとしてたえず再生産されながら、現実に存在する。

このように対比してみると、アーレントの「反本質主義」は、現実から背を向けたたんなる「抽象」にすぎないように思われるかもしれない。だが、完全な無権利状態におかれた者、支配／抑圧の力関係からも除外され忘却されている者に注意を向けようとするときに、アーレントの考え方はよりラディカルな意味を帯びてくる。抑圧されていても社会内に位置をもつ人びとは、たとえそれが奴隷であっても、「その労働を必要とされ、利用され、搾取されることによって人間世界の枠の中にとにかく組み入れられていた。奴隷はまだしも一定の社会的、政治的関係の中で生きていたが、［しかし］難民収容所の強制移住させられた人びとや強制収容所の囚人はそのような関係を完全に失ってしまった最初の人びとだった」☆34。これらの人びとはパフォーマンスをする可能性すら奪われており、主人と奴隷の弁証法の可能性すら奪われている。結局のところ、いかなる利害関係からも締め出され、だれも望まない難民たちには、なんらかの利害で結ばれた共同体のなかに位置はない。彼ら彼女らがそれでも人間として姿を現すことができるのは、あらゆる利害を超えたアーレントの公共空間が万人に開かれている条件においてのみである。とはいえ、人間というカテゴリーから転落した「人間」たちや口をつぐんだサバルタンたちが、言論や活動の余地を奪われているがゆえに、万人によって見られたり聞かれたりする機会をもたないまま打ち捨てられる危険は、つねに存在する。この塗り込められた沈黙と闇の中で、公的な出現の機会がまったく閉ざされたようにみえる中で、なるほど人間はこのうえなく脱主体化されている。だがアーレントの公共性もまた他者による脱主体化の徹底であることを思えば、絶滅収容所のような極限的状況においてなお、「公共性」について——裏がえしの、前代未聞のあり方ではあれ——語ることは必ずしも不可能ではない。この問題は、本書第Ⅳ章「カタストロフィーのなかの公共性」でさらに詳しく論じることになる。

(b) 同一性の暴力への抵抗の可能性

アーレントの公共領域では特定の利害は捨象される。したがってそれはなにか共通利害によって結びついたり対立したりする共同体ではない。また、その成員は「なんであるか」から、すなわち属性や社会的アイデンティティから切り離されて現れる。つまりメンバーのなんらかの同質性——地縁や血縁から始まり、身分や階級をへて、民族や国家に至るまで——も問われない。そこでは経済的・社会的不平等すら問題にならない。「公的領域につきものの平等というのは、必ず、等しくないものの平等のことであり、等しくないからこそ、これらの人びとは、ある点で、また特定の目的のために、「平等化される」必要があるのである」〔*HC*, p.215, 三四二〕。というのも事実的な不平等（それは当然、どのようなところにも存在する）を括弧に入れた上で、公平に人間がその唯一性のなかで現れることにこそ、アーレントの公共性が存しているからだ。逆に事実的な平等は、人間の「同一性」や「社会の画一性」によって表現される「労働と消費に依存する社会」［*HC*, p.214, 三四一］のものである。つまり「多数者を一つのものにするこの統合性は、基本的に反政治的なもの（antipolitical）である」［*HC*, p.214, 三四二］。逆に「政治的なもの」を特徴づけているのは統合なき多数性であり、中心なき「無数の遠近法」である。

金銭のみがすべての欲求実現のための公分母として基礎にあるような「客観性」とは異なり、公共領域のリアリティは、遠近法（perspectives）や見られる側面（aspects）が無数に同時的に存在していることに置かれている。共通世界が姿を現すのはこの無数の遠近法や側面のなかであるが、これら無数の遠近法や側面に対しては、いかなる共通の尺度も公分母も考案されることはない。［*HC*, p.57, 八五］

アーレントはここでも公共領域を、金銭すなわち私的利害によって結びつく共同体との対比において語っている。私利が捨象されているがゆえに、人びとのあいだに残るのは純然たる多数性である。「この多数性を取り除こうとする企ては、つねに公共領域そのものを廃止しようとすることに等しい」［*HC*, p.220, 三四九］。それは逆にいえば、なんらかの共通利害や同質性によって結ばれている共同体はけっして「公的」なものではありえず、「反政治的」でさえあるということだ。そもそもアーレントにとって、共同体生活のモデルとされた家族は「非政治的で、反政治的ですら」あって、「家族の構成員のあいだに公的領域が存在したことは一度もない」[*HC*, p.54, 八〇]。なぜならば、「この上なく豊かで満足のいく家族生活ですら、せいぜい自分の立場を延長し敷衍するだけであり、その立場から見える側面や遠近法を広げるだけだ」[*HC*, p.57, 八六]からである。

このように、集団の構成員がなんであれ共通性をもっていればいるほど、そこから生まれてくるのは共通の見方や共通利害であって、逆に没利害性や観点の多数性が失われてしまう。利害の共有は公的に人びとを結びつけるどころか、公的集まりを阻害する。このようなアーレントの考えは、たんに大衆社会の画一主義を批判するだけでなく、集団内部で働きがちな均質化・同質化への圧力の批判としてある。集団が一体化していけばいくほど、その一体性からはじき出された人びとの排除は強まり、また集団内では一義的な帰属圧力が強まる。アーレントはそれに純然たる多数性を対置することで、この同質化の暴力を批判する。そればかりか、彼女のポリスではなんらかの相互の合意すらもない。そこでは、いかなる意見の一致も不要であり、最低限のコンセンサスも——特定の利害を削ぎ落とすためにすべてが公表されるというルールをのぞいては——必要ない。いや意見の一致などは公的生活にとっては有害でさえある。というのもどれほど平和裡に合意がなされても、コンセンサス形成にはなんらかの全体化圧力が働いており、必ずや他者の排除を伴う暴力が含まれているからである。またコンセンサスはつねに共通利害において、また個別利害の調整においてなされるのであり、結局のところある種の利害関係を平和的にではあれ導入してしまうからである。アーレントはこの点で、分配の正義からも、事実的平等をめざすブルデューからも、コンセンサス形成の可能性を探るハーバーマスからもはるか遠くにいる。以下が彼女の描く公的生活である。

しかし公的領域そのものであるポリスでは、熱烈な競演の精神(agonal spirit)があまねく行き渡っており、だれもが自分を他のあらゆる人びとからつねに区別せねばならず、独自の行いや達成によって、自分が万人のなかで最良のものであることを示さなければならなかった。いいかえれば公的領域は個人性のためにとっておかれていた。それは人びとが、他人と置き換えられない真実の自分を示すことのできる唯一の場所であった。[*HC*, p.41, 六五]

そこには一致よりも競い合いが、同一性よりも差異がある。アーレントが描く政治領域は、どれほど理念的に見えようと、集団的なアイデンティティの政治のいかなる介入も許さないという点で、じつにラディカルな政治理論たりえているのである。さらにいえば、アーレントが現実の利害関係や事実的不平等の問題に目をつぶっているとか、私的/公的という対立のもとにジェンダー階層的な対立を再生産しているなどといった批判は、まさにそのような利害性や現実の属性を捨象したところに彼女の政治理論が成り立っている以上、その内在的な批判とはなりえないのである。

アーレントの公共性、それは自己関係から他者関係へとラディカルに移行することによって、アイデンティティの政治への抵抗圏を形成する。それは支配的表象によって抑圧され忘却された人びとを原理的に排除しない場を開く。さらに、自己利害にまみれた人間の自己中心性が徹底的に剥奪され、「主体」は他者にさらされながら自己現前を喪失する。こうした公共論的転回の展望において、公共性の思考と脱構築を隔てる距離はそれほど大きくない。

当然ながら、アーレントの議論そのものもまた批判に、とりわけ脱構築的な批判に、さらされなければならない。アーレントが用いるさまざまな概念装置——私的／公的の区別、政治領域と社会領域の対立、そしてとりわけ政治的判断と哲学的真理の分断——は、ある種の西欧人間中心主義と無縁ではない形で、批判的に脱構築されるものとなる。公共性の言説と脱構築の言説がたがいに批判しあいながら、同一の対象をめぐって相互補完的な関係にあることを示すために、次章ではアメリカの建国をめぐる言説を検討してみたい。とりわけ、デリダとアーレントの思考が交錯する『独立宣言』を取りあげ、はじまりの暴力について考察してみたい。論のもう一つの焦点は、国家創設の暴力を反復する西部劇の表象の問題におかれている。ベンヤミンは『暴力批判論』の冒頭で、その論の課題を「暴力と、法および正義との関係を描くことだ」と規定したが、それはまさしく西部劇の主題そのものでもある。アメリカの西部で繰りひろげられる映画の表象——とりわけハワード・ホークスの『リオ・ブラボー』——を例にして、「暴力と、法および正義との関係」を具体的な様相で記述することにより、正義の公共論的転回を理解する手がかりを探ることが目的である。

III　正義の表象と起源の暴力

――ホークス、アーレント、デリダ

問題の核心は、われわれの哲学的伝統において、ものが生じてくる基礎がものを産出する原因へと変形させられ、さらに単に目に見えるものよりも、この産出原因の方により高度の実在性が付与されてきた、ということにある。原因が結果よりもより高い地位にあるという思いこみ（そのために、結果はその原因へと引き戻されることによって容易に貶められることになる）は、もっとも古くからの抜きがたい形而上学的誤謬の一つである。（Hannah Arendt, *The Life of the Mind*, A Harvest Book, 1971, p.19.）

この非連続性が、この非連続としての出来事が重要であるのは、ただこうした出来事によって、われわれは弁解を超え出て、赦しの出来事へとより接近することができるかもしれないからである。赦しの出来事は、取り返しのつかない中断を、革命的な切れ目（caesura）を、あるいは歴史の、少なくとも目的論的な過程とみなされた歴史の終焉を、つねに前提とする。（Jacques Derrida,《Typewriter Ribbon : Limited Ink (2)》, in *Material Events*, University of Minnesota Press, 2001, p.320.）

革命的状況が法と正義と暴力の関係を大きなスケールで問題化するように、この問題を、ごく単純化した形ではあれ、根本的な仕方で提起するものに西部劇がある。既成の権力を崩壊させる革命においても、あらゆるよそ者に開かれた荒野でくりひろげられる西部劇においても、問題は葛藤や抗争をとおして新たな人間関係を築き、これまでにない秩序をつくりあげることだ。それが「根本的な仕方で提起」されるというのは、どちらの場合も、新たな秩序の創設をその成立そのものの場面であつかうからである。その際、創設の行為は、それ自身以外の権威によることなく、既成の価値観に頼ることもなく、その場に居合わせた人間たちが手探りでおこなう共同作業である。近代以降の数々の革命は、アーレントによれば、かつてローマの建国を支えていた「権威、伝統、宗教」[☆1]の力が失われていったところに生起している。すなわちそれは、いかなる超越的な価値や高次の「法」も持たないのに、いやそれがないからこそ、ある共同体をまったく未知の仕方で根拠づけようとする試みである。未開の西部を舞台とするコミュニティ建設のドラマも、まさにいかなる安定した権威も秩序もないところで、しばしば暴力と混乱にさらされつつ繰りひろげられる。革命の「無政府状態」やウェスタンの「無法状態」は、しかしきわめて「政治的」な状況である。「政治はかつてないほど重要なものとなる。というのも、政治は暴力的な支配に代わる唯一の選択肢であり、近代における権威をそなえた正当な規則の唯一の源泉だからである。それのみが「人間が共に生存する」という基本的な問題を扱うことのできるものだからである」[☆2]というホーニッグの言葉はどちらにもあてはまる。つまり両者とも〈神なきあとの共同体〉を創設するという困難な課題に直面している。

むろん西部劇は西部劇でしかない。つまり派手なアクション、決闘、殴り合い、疾走する人馬、一言でいえば娯楽である。そこに政治的教訓を求めるのはおそらく馬鹿げているし、そもそもそれは作り話にすぎない。映画は歴史的資料でもルポルタージュでもなく、虚構の産物としてジャンル固有の必然性や結構にしたがっている。だからここで映画を論じるとしても、そこになんらかの「事実」を見るのではなく、むしろ西部の表象のあり方を、その変容をあくまで表象のレベルで探るためである。

なるほど「ウェスタン」は、その名が示すとおり、アメリカ中西部を舞台にした十八、九世紀の白人入植者たちの物語にすぎない。この地域的にも時代的にも非常に限定された映像表現は、しかしながら、フランスの映画評論家アンドレ・バザンも指摘するように、映画の精髄であり、普遍的な価値をもっている。彼は一九五三年の論文で、なぜ西部劇が映画の誕生から不滅のジャンルとして存在し、廃れることがなかったのか、なぜそれがヨーロッパでも全世界でも万雷の拍手をもって迎えられたのか、つまり西部劇の普遍性はなにか、という問題提起から論を起こしている。「ウェスタンが〈まさしく映画そのもの〉であるというのは簡単だ。なぜなら映画は運動だからである」[☆3]。だがそれだけでは、西部劇を他のアクション映画と区別することにはならない。むしろ重要なのは「結局のところ、その神話のどれもが、ある特定のドラマティックな構図をとおして、〈悪〉の力と正義の側にいる騎士を対立させる大きな善悪二元論《マニケイスム》を独特の形で表現しているだけなのである。あの荒野や砂漠や岩山の広大な光景、そこにかろうじてへばりついている木造の町、それは文明の原初的なアメーバのようなものであり、それはあらゆる可能性に開かれている」[☆4]。バザンによれば、西部劇が地域に特徴的な舞台やキャラクターでできているにもかかわらず、その基底には普遍的な問題が横たわっている。つまりそれは大いなる善悪二元論であり、またあらゆる可能性に開かれた実験的な人間の集まりである。だから、そこで善と悪の対立、道徳と法そして力の関係が、まさにその原初的な形でむき出しにされることになる。その意味で西部劇の舞台は「根源的」であり、叙事詩やヨーロッパの古典悲劇と同様に、モラルと人間に対する重大な問いかけが表現される。「新世界」の問題を普遍的で「根源的な」仕方であつかう西部劇は、しかし同時にもっとも批判にさらされてきたジャンルの一つでもあることを忘れてはならない。そのあまりに単純な善悪二元論、完全に男性中心の視点から男性優位の世界観をそのまま投影したマッチョの世界、男の意のままに翻弄される女性たち、人物類型の極端なステレオタイプ化——そうした嘲笑まじりの従来の批判に加え、近年では「政治的に公正」(politically correct) たらんとする立場からの批判が登場している。単純に「インディアン」を悪者にできた時代はすでに去り、新たな観点による西部開拓史の見直しがはじまり、植民地主義的侵略とネイティヴ・アメリカンの抹殺の歴史に光が当てられることになり、ウェスタンの正義とはつねに「白人」の正義であり、西部の「法」とは「白人のための法」でしかなかったことが明らかにされてきた。それと同時に西部劇の根幹をなす善と悪の対立が揺らぎだし、悪者と正義の人が截然と分かれることを信じる素朴さは許されなくなってきている。結局のところ西部劇は、たんなる娯楽にとどまるどころか、「西部」と称される先住民の土地略奪と征服の歴史を隠蔽し美化してきたのであり、アメリカの建国神話を映画内に再生産しながら、ナショナルアイデンティティ構築の強力な手段として機能してきたのである。そうした批判を踏まえつつも、なお西部劇における正義の表象を考察するために注目されるのは、ハワード・ホークスの西部劇映画である。

だれもが認める、まぎれもない傑作西部劇の一本である『リオ・ブラボー』――だがそれは、およそ西部劇らしからぬ西部劇ともいわれる作品だ。セルジュ・ダネーは書いている。「突然開かれるサルーンの扉から、天才的でしかも象のようなジョン・ウェインの姿に至るまで『リオ・ブラボー』には西部劇のすべてがある。だがそれこそ「ウェスタンの欠如」と呼べるようなものなのだ」[☆5]。西部劇のすべての要素――ガンファイト、酒場、男の友情、恋、保安官、悪漢――を含みながら、ウェスタンのステレオタイプを逃れ、西部の人間像を一新してしまったこの映画は、われわれが西部劇に抱いている固定観念を打ち砕く力を持っている。

西部劇というジャンルは、映画の初期――一九〇三年に作られた『大列車強盗』――から途切れることなくアメリカ映画史を彩り、四〇年代の「古典的」ウェスタンの興隆を経て、五〇年代に変容の時期を迎える。バザンは、この新たな映画の登場を「超－西部劇」(sur-western)と呼び、次のように規定した。「〈超－西部劇〉とは、西部劇がただそれでしかないことを恥じ、その存在を別の補完的な関心によって正当化しようとするものである。たとえば審美的なものであったり、社会的、道徳的、心理的、政治的、エロス的な関心……、つまりなにかこのジャンルには内在しておらず、だがジャンルを豊かにすると考えられるものによって、みずからを正当化しようとする」[☆6]。ここで

"sur-western"とは、西部劇を「超える」西部劇であると同時に、西部劇に「ついての」映画、つまり西部劇批判（「西部劇でしかないことを恥じる」）でありつつ西部劇の分析でもある映画を意味している。バザンはその例に『真昼の決闘』と『シェーン』を挙げているが、この論考が書かれた後に発表された『リオ・ブラボー』（一九五九）もまた、西部劇を反省する映画として、この「超－西部劇」の一本に数えあげることができるだろう。

ここで『リオ・ブラボー』に焦点をあてようとするのは、それが西部劇自体を問う映画であり、この問いかけをとおして、西部劇の主題である法と正義と暴力の関係を問うものだからである。ハワード・ホークスは、素朴な善悪二元論や勧善懲悪の図式に陥ることなく、ジョン・ウェイン演じる保安官の姿をとおして西部の法と正義の問題を新たな仕方で提示している。そこに登場する「保安官」は、正義や法がどのように表象されているかを見るための格好の分析対象となる。だが分析に取りかかる前に、『リオ・ブラボー』の斬新さをよく理解するためにも、いわゆる「古典的」で「正統派の」西部劇とはなにかについて最低限のことを押さえておかなければならないだろう。ここでは西部劇の歴史全体を振り返る余裕はないので、『リオ・ブラボー』に先だつウェスタンを一本だけ取りあげ、その分析を西部劇の歴史全体についての予備的な考察のかわりにしたい。その一本とは、同じくジョン・ウェイン主演のハワード・ホークス西部劇『赤い河』（一九四八）である。後に見るように、この映画は法と正義と暴力の関係について、古典的な表象を含んでいると同時に、そのあらたな関係への移行の可能性を示している点で注目される。いわばそれは、古典的西部劇として出発しながらも、後に『リオ・ブラボー』として具現するであろう「超－西部劇」への予感を孕んだ過渡的な性格をもった作品として位置づけられるのである。

暴力から創設へ ――『赤い河』とアメリカ革命

すべてが町の中で進行する『リオ・ブラボー』とは異なり、『赤い河』は大草原を流れる河、牛の群と広い空をバックにした西部のパイオニアの物語である。それはタウンというできあがった空間のなかに起こる出来事ではなく、新たに牧場をつくり、道なき交易の道を進む開拓者の物語、つまり創設の冒険譚である。この映画は内容的に、大きく二つの部分に分かれる。まず前半ではダンソン（ジョン・ウェイン）がテキサスの一角に身を落ちつけ、養子の息子マシュー・ガース（モンゴメリー・クリフト）とともに十五年の歳月をかけて巨大な牧場をつくりあげることに成功する。二人は他のカウボーイとともにミズーリの鉄道駅まで牛の大移動（cattle drive）を試みる。一行の「レッドリバー」渡河を境に始まる後半では、マシューがダンソンの専制的な支配に反旗を翻し、ダンソンを追放し、仲間と共にカンサスの鉄道駅に向かう。ダンソンは復讐に燃えてそれを追う。

駅についた一行は牛を高く売ることに成功し、ついに追いついたダンソンとマシューは素手で闘い、最後に和解する。前半はまさに創設者ダンソンの成功と支配の物語であり、後半はマシューを中心に別の仕方で結集する集団の任務遂行の物語であり、両者を分節するのは、「赤い河」という空間的かつ映像的な境界である。

こうしてこの映画は、二つの人間集団のあり方を、すなわち一人の創設者による専制支配と一人のリーダーのもとに自由に結集する平等な個人のメンバーシップを、さらには一方から他方への移行を提示している。この移行がアメリカ建国のドラマのある種の反復であることを示すためにも、それぞれの部分に仔細な検討を加えてみなければならない。

前半の世界では、力が支配しており、すべてを解決するのはむきだしの暴力である。アーレントは「はじまりは暴力である」といい、デリダはすべての創設行為に、それ自体は根拠をもたない実力行使を、つまり暴力の存在を指摘した。映画では創設に含まれる暴力が、戯画といえるほどの単純さで描かれる。ダンソンはテキサスを南下し、リオ・グランデの近くによい土地を見つける。それがだれの土地かという問いに、ダンソンは「おれのものだ」（To me）と答える。この宣言に根拠はなく、他者の同意も必要ではなく、ただ力の行使によってのみ（自己）正当化されるものである。注目すべきは、そこにいかなる超越的な価値も宗教的な認証も持ちこまれないことだ。いやむしろ、土地所有に関してだれも正当な権利を持ち合わせていないということが、ダンソンに自己正当化の口実を与えている。南からドン・ディエゴの使いと称する者がやってきてダンソンに立ち退きを要求すると、彼はリオ・グランデから北はおれの土地だと宣言する。たとえこの土地がかつてドン・ディエゴにスペイン国王から譲渡されたものだとしても、そもそも「国王はそれを先住民から奪った」のであり、それならば「おれもいただく」というのがダンソンの理屈である。相手をピストルで撃ち殺し、牛に川のマークと自分の頭文字Dを焼きごてで刻印することにより、地域一帯を「おれの土地」(my land) として我有化する行為が象徴される。

すべての起源に(植民地主義的)暴力があるのだから、自分の暴力も許される、これは暴力の一般化であり、あらゆる人間に暴力を権利として認める暴力の共和国の思想である。起源の暴力をのぞいては、いかなる権威も宗教も伝統も存在しないフロンティアでつぶやかれた言葉は、また国王の首と共に既成の権威が地に墜ちたフランス革命直後に書きつけられた言葉とはるかに共鳴している。『フランス市民よ、共和主義者たらんとするなら、もう一歩の努力を!』と題されたサドのテクストは、次のように問いかける。「なぜなら、共和国は戦争によらなければ自分を保つことはできないのであり、そして、戦争ほど道徳的でないものはないからである。そうだとすれば、当然の責任によって「不道徳」である国家において、個人が「道徳的」であることが不可欠だというのは、一体どうして証明することができるのだろうか?」[☆7] サドにとって「不正」とは、犯罪や暴力そのものではなく、そうした暴力的手段がただ一部の人間にのみ専有されてしまっていることを指す。だから、あらゆる人間が暴力に開かれるべきであり、各人の利己心にのっとり、全員が弱肉強食の闘いを実践することこそが「公平さ」であり、共和国市民の努力の方向となる。サドの「法」とは全員が無法性に耐えぬくことであり、それをピエール・クロソウスキーは次のように翻訳する。「諸君にとって、不公平とは不公平の実践から排除されているという点にあった。〔……〕諸君にとっての正義とは何かといえば、諸君が奴隷の境遇に戻るとでもいうなら話は別だが、正義、それは諸君にとって、諸君が血なまぐさい証拠を示したように、個人的不公平の全員による実践以外のものには存しない[☆8]」。ここで重要なのは、このような暴力の普遍化が、神なき共和国において、また起源に植民地主義暴力をもつ「新世界」において、当然出てくる論理の一つであることだ。カントこそはそこに道徳の基礎を確立しようとした思想家だが、その定言命法「汝の意志の格率が、つねに同時に普遍的立法の原理として通用することができるように行動しなさい」は、そのままサドの掟に読みかえる——その格率、すなわち意志の主体的信条は、利己心にしたがって行動することを普遍的法則となすことに存する——ことも可能だろう。ラカンも指摘するように、『実践理性批判』の八年後に発表された『閨房の哲学』は、カントの定言命法の裏の「真理[☆9]」を述べている。

人は平等に奪い合い、殺し合い、自分の場を確保し合う。アーレントなら「罪深く、獣的」(criminal and beastly〔*OR*, p.93, 一三八〕)であるがゆえに「前政治的」と呼ぶであろう野蛮さにおいて、人間関係は孤立した争いであり、そこには支配するものとそれに従うもの、あるいはそれに反抗するものだけが存在する。ハワード・ホークスはダンソンの独裁者的な性格を、ウォルター・ブレナン演じる相棒グルートの嘆きやマシューの批判的なまなざしによって際だたせている。ダンソンは、いったんなにかを決めたらそれを変えようとはせず、だれの言うことにも耳を貸さず、頑固で命令的である。彼はしばしば、「人にあれをやれこれをやれと指図するな」(Don't tell me what to do!)という抗議を受けるだろう。その専制的権力は、自分と他人のあいだに、ただ命令と服従という単純な関係をつくり出し、それに従わないものには暴力的な強制と処罰をもたらす。なるほどダンソンと共に牛の大移動に参加しているのは、自分で志願し、自由に契約を結んだ者たちである。だが、いったん参加が決まれば、ダンソンは離脱を許さず、自分に無条件的な服従を要求する。一見それは、ルソーの「社会契約」を——すなわちメンバーは「一般意志」(volonté générale)に自分のすべてを譲渡し、その上で一般意志から主権を返してもらい、部分は全体と完全な一致を見ることによってのみ自己の存在を全うするという論理を——実践しているかのように思われる。しかしここでアーレントが、「一般意志というこの人民の意志の顕著な特徴はその完全一致」であり、全体を「一つの意志によって動かされる一つの肉体」[*OR*, p.76, 一一五頁]とみなす考え方に通じると指摘していたことを思い出そう。つまりこの「契約」においては、異なる意志を持つ自由はなく、支配者と一心同体となる無条件的服従が要求されているのである。

ダンソンはみなの進路変更の願いを聞かず、自分のやり方に対する批判を許さない。他の参加者たちの不満が高まり、脱走するものがあらわれて緊張は頂点に達する。逃げだした二人のカウボーイが連れ戻されると、ダンソンは暴君と化し、「おれが法律だ」と言って二人に縛り首を宣告する。そのときマシューが介入してダンソンを無力化し、自分がリーダーとなって別の目的地に向かう。この後半において、ただたんに権力が別の者に移動するだけではなく、その権力のあり方が変化する。マシューは新たな専制君主となるのではなく、仲間の信頼と自由な同意のもとにみんなを統率していく。みんなが寄り道を望めばそれを拒まない。そこには、命令と支配の関係にもとづかない関係が、ホークスが『コンドル』や『リオ・ブラボー』で見事に描いたような、プロフェッショナルな責任感に支えられた平等な仲間同士の関係がある。☆10

ダンソンの専制支配からの「独立」――この「革命」は、映画では赤い河を渡ることによって象徴される――は、アーレントが描くアメリカ独立革命の像と多くの共通点をもっていることに注目しなければならない。命令と服従の関係から平等な相互の約束の関係へ、権力の一元化からその分散による増大へ、暴力が支配する自然的状態から互いの意見を聴取する「政治領域」へ、つまりは私的領域を支配するものから公的領域への移行がそこに認められるのである。

アメリカ革命の人びとは、権力を前政治的な自然的暴力とはまったく反対のものだと理解していた。彼らにとっては、権力は、人びとが集まり、約束や契約や相互誓約によって互いに拘束しあう場合に実現するものであった。互恵主義（reciprocity）と相互性（mutuality）にもとづくこのような権力だけが現実の権力であり正統なものであった。これに対して、国王や貴族の権力と称するものは、相互性から生まれたものでなく、せいぜい同意（consent）にもとづくものである以上、見せかけのもの、かすめ取られたものであった。アメリカ革命の人びと自身が、ほかのすべての国では失敗の運命にあったのに、なぜ自分たちは成功したのか、その理由をよく知っていた。つまり成功に導いた力は、ジョン・アダムズの言葉にあるように、「お互いを信頼し、ふつうの人びとを信頼する」権力であって、「それによって合衆国は革命を遂行することができた」のであった。［*OR*, p.181, 二九四〜二九五］

独裁者から複数者への権力の移動は、「前政治的な自然的暴力」を去って、暴力によらない「政治領域」の再創設を可能にするものであるとアーレントは考える。実際、後半部におけるマシューの権力は、けっして暴力そのものから生まれてくることはない。むしろそれは、マシューがダンソンとは異なり、仲間の粛正という最終的な暴力を拒否するところから生じてくるかのようである。こうしてホークスが強調する、命令―服従関係からの脱却と暴力によらない権力の創設は、アーレントの描くアメリカ革命の特徴そのものである。

『赤い河』後半で描かれる「アメリカ的な」人間関係を理解するために、アーレントによるアメリカ革命の記述をもう少し追ってみよう。それによれば、暴力に依らない権力の確立と超越的な原理の排除は、ほぼ一体のものとして考えられている。アメリカ革命の独創性は、新たな秩序を超越的な原理に依ることなく、つまり相互約束にもとづく複数者以外のもの——たとえば絶対者——に依拠せずに、創設しようとしたことにある。革命と呼ばれるまったく新しい秩序の創設は、その創設を根拠づけるより高い法と権力の源泉をどこに求めるかという問題——絶対者の問題——に突き当たるのが常である。一切のものの刷新である革命は、それ以前に存在した権力を否定こそすれ、それを持ち出すことはできないのであるが、同時に自己の外に自分を正統化する超越的な原理をもたないかぎり、おのれの「恣意性」を払拭できないままに、なにか「無根拠」で「法外」のものに転落してしまうおそれがある。そうした問題設定自体は「絶対主義の遺産」〔*OR*, p.189, 三〇五〕であり、フランス革命の人びとを悩まし、彼らが打倒したばかりの専制君主に代わる人民や一般意志の神格化をもたらした。さて、現実の人間集団を超えて支配する「絶対者」は、まさにそれが超越的な原理であるかぎりで、その真理と命令を絶対的な仕方で与え、人びとの声を聞く耳をもたない。「真理」とは、幾何学的なものであれ宗教的なものであれ、不可抗力的な強制力をもち、有無を言わさぬ「専制君主」として振る舞うものである〔Cf. *OR*, pp.192-193, 三〇九〜三一二〕。それがなんであれ、「絶対者」が想定されるところには「命令」が、そして人びとを服従させるための暴力が回帰してくる。かくして革命にはテロルがつきものとなり、暴力的な結末のなかで挫折をみる。

ところがアメリカ革命は、この絶対者の問題を首尾よく回避することに成功し、よく組織された複数者のあいだに、命令－服従によらない関係を、すなわち公的自由の関係を生み出すことができた、とアーレントは説く。まったく新たな秩序をどう根拠づけるかという「円を正方形にする問題」にも比較しうる難問は、アメリカ革命の人びとによって、「はじまり」そのものに「絶対者」を内在させるというやり方で解かれたのである。

アメリカ革命の人びとが自分たちを「創設者」と考えていたという事実そのものが、新しい政治体の権威の源泉は結局のところ、不滅の立法者とか自明の真理とかその他の超越的で現世超越的な源泉などではなく、むしろ、創設の行為そのものであることを彼らがいかによく知っていたかを示している。ここから、あらゆるはじまり（beginning）が不可避的にまきこまれる悪循環を突き破るための絶対者の探求は無意味であるということになる。というのは、この「絶対者」は、そもそもはじまりの行為そのもののうちにあるからである。［OR, p.204, 三二六～三二七］

あるいは次の一節。

はじまりの行為がその恣意性から救われるのは、その行為がそれ自身のなかに、それ自身の原理をもっているからである。もっと正確にいえば、はじまりと原理、**principium** と **principle** は互いに関連しているだけでなく、同時的なものだからである。はじまりは自己の妥当性の根拠となり、いわば、それに内在する恣意性から自分を救ってくれる絶対者を必要とするが、そのような絶対者とは、はじまりとともに世界にその姿を現す原理にほかならない。はじめる者が、彼のおこなおうとすることを開始したそのやり方が、その企てをともに完成させるために彼に加わった人びとの活動の法を定める。［*OR*, p.212-213, 三三八～三三九］

かくして「はじまり」は自己を根拠づけつつ、一切を作動させる。アーレントは「根拠づけるもの」と「根拠づけられるもの」を「はじまり」において一致させることによって、いわゆる究極的根拠への無限遡行を回避し、同時に自分たちの相互約束以外に基礎をもたない新たな人間関係を開始する可能性を見いだしたのである。

むろんアーレントは「はじまりが暴力と密接に結びついており」、「暴力を犯さずに、はじまりはありえなかった」［*OR*, p.20, 二四］と述べている以上、アメリカ革命の「はじまり」もまた一つの暴力であったことを認めずにはいないだろう。ただ彼女によれば、起源にある暴力が免れえないとしても、それは以後、暴力の支配を断ち切るためであり、暴力に代わって相互約束を人びとの絆とする新たな関係が築かれるためであった。アーレントは暴力の連鎖を断ち切る行為に関しては、それ自体の暴力性をほとんど問題にしていない。アメリカ独立に至るまでなされた数々の暴力を彼女が重く見ていない印象を与えるのは、そのためである。この「暴力を断つための暴力の行使」は、西部劇のヒーローにとってはなじみの主題である。ジョン・フォードの『リバティ・バランスを射った男』(一九六二)は「法」と「暴力」の対立を描いた映画だが、若き法律家を演じるジェームズ・スチュアートは法の拘束を嫌う悪漢リバティ(リー・マーヴィン)と決闘せざるをえなくなる。銃を満足に扱う術を知らぬ法律家が勝ち、町に平和が戻り、彼は上院議員として成功するが、「リバティ・バランスを射った男」は、じつは別の人間(ジョン・ウェイン演じるトム)であったことが明らかにされる。つまり、この法の勝利はもう一つの暴力によって、しかも決闘している二人の外から第三者が隠れて加勢してはならないという西部の「掟やぶり」によって、獲得されたものだった。この「法」の起源にある隠されていた「暴力」は、しかしながら最後にもう一度沈黙によって封印されることによって、映画は終わる。それは法創設の根源にある隠された暴力の物語なのである。

だがはじまりがつねに暴力であるならば、以後の政治領域がどれほど非暴力的なものであっても、起源に流された血の記憶は簡単に拭い去ることはできないだろう。『赤い河』において、専制支配から相互約束への移行が成功しても、この移行そのものを成立させたダンソン排除という一種の

「父殺し」は消滅するどころか、後半の物語に重苦しくのしかかってくる。マシューたちは、復讐に燃えて後から追ってくるダンソンの影におびえながら旅を続ける。無事に鉄道のある町にたどりつき、商談を成立させたあとでも、まだ「旅は終わっていない」。結局最後に、ダンソンとマシューは一対一で闘い、その末に両者が和解することによって、はじめて暴力の記憶からみなが解放されることになる。要するに、この映画が描く「革命」は、アーレントの描くアメリカ革命の成功ほど楽天的なものではなく、「はじまり」が暴力の痕跡をなにもかも消し去るわけではないことを示している。新たな秩序のはじまり以前、そしてそのはじまりそのものに含まれた暴力は、みんなの積極的な忘却（『リバティ・バランスを射った男』）によって、あるいは当事者同士による「和解」や「赦し」のプロセスによって、はじめて解消することができるのである。

　アーレントは創設行為の起点を自己創設的な絶対的「はじまり」となすことで、外部の超越的な原理や暴力的な過去と断絶する力を与え、そこに暴力的ならざる関係を開始させる可能性を見ようとした。だが、もしも『赤い河』がアメリカ独立のアレゴリーを含んでいるなら、この映画が示すのは「はじまり」がさほど純粋な断絶点ではなく、矛盾をはらみ、暴力の記憶を完全に消し去るものではないということである。いずれにせよ映画では、相互約束への移行が暴力の問題を決着させてしまうには至らない。ここで問うべきは、暴力的な関係を解消する絶対的な始点として「はじまり」をアーレントが定位することで、過去の暴力の記憶やそれ自身が含む暴力性を結果的に隠蔽しているのではないか、という問題である。[☆11] アメリカ独立の創設行為に暴力の解消を見るのか、それとも起源の暴力の隠蔽を見るのか——この違いは、アメリカの国家創設を象徴するジェファーソンのテクスト『独立宣言』を読む仕方において鮮明になる。以下ではデリダとアーレントの読解を対比的に取りあげながら、宣言のテクストをやや詳しく論じてみたい。

『独立宣言』テクスト分析

アーレントの「はじまり」が、デリダの記述する法創設の「力の一撃」、つまり法の根源にあるパフォーマティヴな「出来事」の特徴を言い当てていることを、あらためて指摘するまでもないだろう。[☆12] 創設行為という出来事は、第I章で見たように『法の力』の中心的問題をなすものであった。ここでアーレントとデリダは交錯するが、しかし両者がすべて一致しているはずはなく、実際に『独立宣言』を読みこむポイントはかなり違っている。

まずアーレントにとって、「近代的条件のもとでは、創設の行為とは憲法作成と同じものであり」[*OR*, p.125, 一九二]、またアメリカ各州の憲法起草の先例となったのが独立宣言であったことからして、この宣言は国家創設の「はじまり」の原点を示す決定的なテクストである。彼女がそこで問題にするのは、アメリカ革命が権力の源泉を超越的な外部の原理やより高い宗教的認証に求めることなく、ただ複数者相互の結びつきから生じる権力の上に政治体を創設したにもかかわらず、「独立宣言の前文が、「自然の神」への訴えに加え、新たな政治体の法を支える権威の超越的源泉にかかわる一文を含んでいる」[*OR*, p.192, 三〇八〜三〇九] ことである。この一点において[☆13]、独立宣言はみずからの一貫性を損ねている、とアーレントは考える。それを端的に示すのが、「われわれは、これらの真理を自明のものとみなす」(We hold these truths to be self-evident) という矛盾に満ちた言い回しである。これから述べようとする「真理」を保持 (hold) するのは「われわれ」であり、真理は「われわれ」という主語によって支えられている。ところが、この「真理」なるものは自明の理であり、だれの支えもなく自存しうるものである。この真理は「自明であるがゆえにいかなる承認も必要とせず、論証的議論や政治的説得なしに人を強制する。[……] それらはある意味で、「専制的権力」におとらないほど強制的であり、宗教の啓示された真理や数学の公理の類にまけずおとらず絶対的である」[*OR*, p.192, 三〇九]。ホーニッグによれば、アーレントがこの「つじつまの合わない文」(incongruous phrase) で問題にしているのは、「われわれはみなす」という遂行的発話に、だれの認可も必要としない真理がまぎれこむことによって生じる、遂行的 (performative) と事実確認的 (constative) のあいだの緊張ないし決定不可能性である。というのも自明の理は、それを支えるスピーチアクトの主体を必要とせず、アーレントがまさに「これらの真理は自明である」(These truths are self-evident)

と言い換えているように、本質からして「事実確認的」なものでしかないからだ。[14] そうしたものの混入は、いかなる暴力からもいかなる超越的原理からも生じはしない複数者の言論と活動――それのみが真の政治領域をもたらす――を不純なものにする。それはつまるところ「絶対者」への参照であり、フランス革命に破滅をもたらしたように、人びとの政治的活動を沈黙に追いやりかねないものなのである。つまりアーレントは、独立宣言という言語行為に混入した事実確認的要素である自明の理を、アメリカ革命の独自性を脅かしかねないものとしてネガティヴに評価する。ただ幸いなことに、権威そのものの源泉を「上」ではなく「下」に、すなわち人びとの相互約束に置いたがゆえに、アメリカ革命ではこの「絶対者への参照」がフランス革命ほど猛威をふるわず、理論的な問題たりえたとしても、実践的に深刻な影響を与えなかったとされる。

デリダもまた独立宣言に、活動と事実、行為遂行的なものと事実確認的なものの決定不可能性を見いだしている。しかしそれは純粋な創設「行為」であるべきものに混入した不純なる専制的真理としてではない。それは宣言起草者の不注意や不徹底ではなく、逆に宣言行為において必要な「効果」を産み出すべく「要請」されたものである。

この曖昧さ、言うなれば遂行的な構造と事実確認的な構造のあいだの決定不可能性は、求める効果を産み出すために必要とされている（*requises*）のである。それを偽善と呼ぶにせよ、両義性、決定不可能性あるいはフィクションと呼ぶにせよ、ある法そのものの措定自体に、それは本質的なものである。[15]

デリダにおいて、「遂行的な構造と事実確認的な構造のあいだの決定不可能性」は、排除されるべき不純さというより、法の措定につきものの二重性であり、創設行為が十分に働くための必要要件ですらある。つまりそれは、宣言行為というスピーチアクトが効果的に働くために構造的に要請されている。この観点から、デリダは署名の問題に焦点を絞って独立宣言を読み解いている。だがこの決定不可能性は、たんに署名の問題のみならず、宣言テクストの全体にわたって存在するものである。以下ではデリダのコメントを参照しつつ、この問題を独立宣言というマクロ発話行為文が適切に機能するためのテクスト戦略として分析してみなければならない。

『独立宣言』（*The Declaration of Independence*）は、その名が示すとおり、一つの宣言であり、典型的なスピーチアクトの例、つまり遂行的発話ないし発話内行為が前面に出たテクストである。それは実際の発話ではなく書かれたものだが、最後に署名が添えられており、この意味でオースチンが挙げる言語行為成就の条件を満たしている。つまりそれはなにかすでに存在する事実を客観的に述べるものでもなければ、事実をたんに確認するためだけにあるものでもない。それは独立を宣言することによって、一つの国家を誕生させ、それに伴う一切の新たな制度を創設する言語行為である。

だがこうした宣言は、たんにそれが述べられれば通用するわけではなく、有効なものとして認められるために、それなりの説得力のある理由と、それを支持するなんらかの権威が必要である。しかしアメリカの『独立宣言』の問題とは、まさに自分たちの独立を支えてくれるはずの権威（たとえば国家）がいまだ存在せず、逆にこの宣言によってそうした法の源となるものが生じてくる、そうした状況である。まさにこの理由から独特のテクスト戦略が必要となってくるのであり、たとえばこの状況は、テクストの最初の部分から自分たちの独立を宣言するわけにはいかない、という仕方でこの宣言のあり方を規定している。実際テクストを全体として見ると、いわゆる宣言そのものは、ただ最後の段落においてのみ述べられており、一人称主語が現在形で遂行動詞を用いておこなう宣言なるもの（We do publish and declare...）は、この最終段落でしかない。テクスト全体は大きく三つの部分に分節されている。最初の部分、つまり前文ないし前置きといわれるものには、はじめの二つの段落があてられている。そこでは普遍的な人間の権利の立場から、あくまで一般的な独立の必要性が述べられる。第二の部分では、イギリス国王の数々の不正行為が一つひとつ列挙される（"He［=The present King of Great Britain］has..." で始まるすべての文）。そして「われわれ」植民地の側の対応が述べられ、最後に「固有の」宣言文に至る。つまり全体のテクストの内部には、一般的な権利の確認、歴史的事実の列挙、宣言が密接に関連して配置され、「普遍的な人権の名において、われわれはイギリス本国のひどい仕打ちに耐えかね、ここに独立を宣言するに至った」というレトリックを構成している。

とはいえ、それで宣言遂行の困難が解消されたわけではない。「われわれ」の宣言が依拠する根拠をどこに求めるかという問題はいまだ残っている。少なくとも、そうした権威の拠りどころは「われわれ」自身ではない。自分で自分を権威づけることは無意味であり、権威を付与するものは権威によって支えられるものとは異なるべきであり、より高い位置にある他者でなければならないと、普通は考えられるからである。だがそれはイギリス国王でもありえない。逆に彼はそうした権威づけを拒否し、アメリカ合衆国の独立をなんとしてでも認めようとしない存在である。まるで独立しようとする息子をなんとか自分の権力のなかにつなぎ止めておこうとする父親のように――『独立宣言』に父と息子の対立という家族のシーンを、さらには「エディプス・コンプレックス」と呼ばれるものの構造を読みとることはつねに可能である――、イギリスは植民地から得ることのできる利潤を自分から手放そうとはしない。求められる「権威」とは、したがって対立・紛争の当事者のどちらでもなく、両者を超越するような価値、それ自体をもはや正当化する必要のない価値でなければならない。

かくして『独立宣言』の「前文」(Preamble)を貫くものは、独立主体である「われわれ」以外のもの――自然法の「神」であれ自明の真理であれ「事実」であれ――への言及であり、しかもその

When, in the course of human events, it becomes necessary for one people to dissolve the political bonds which have connected them with another, and to assume, among the powers of the earth, the separate and equal station to which the laws of nature and of nature's God entitle them, a decent respect to the opinions of mankind requires that they should declare the causes which impel them to the separation.

[①人類の出来事の過程で、一国民が、それまで他国民の下に結びつけられていた政治的紐帯を解消し、自然法と自然の神の法とにより賦与される自立平等の地位を、世界の諸強国のあいだに占めることが必要となる場合に、②人類一般の意見に対して抱く当然の尊重は、その国民が分立を余儀なくさせられた理由を声明することを要求する。]

「事実確認的な構造」である。たとえば冒頭の文の主語は「われわれ」にはまだおかれていない。

まず文前半①の副詞節（When...）の内部では非人称構文がとられ、主語は無標化されている。いわゆる「意味上の主語」として、独立を求める人民に言及されているが、それはいまだ"one people"として、つまり特定化される以前の任意の人民として、三人称において語られる。独立主体の「われわれ」の問題として事態を一挙に提示するのではなく、まず三人称にかかわる一般的な問題として述べること、これが冒頭の節である。しかもその人民の「紐帯の解消と独立の必要性」は、主節に依存する副詞節「～が必要となる場合に」のなかに取り込まれることによって、議論の焦点というより議論の前提として容認された事柄と見なされることになる。この依存節の内部にもう一つの依存節が開かれ、そこでいわば超越的な権威「自然法と自然の法の神」に言及される。この超越的な権威は二重の依存構造に守られる形で、主命題の前提の前提として、いわば議論抜きに措定される。そしてこの「権威」こそが「人民」に自立平等の地位をもつ「資格を与える」(entitle them)のであり、人民はその作用の目的語におかれる。

主節②の構文も単純なものではない。主語はやはり人民そのものではなく、「人類一般の意見に対して抱く当然の尊重」である。この普遍的な人権の尊重という抽象的な主語が、人びとが独立を宣言することを「要求する」。人民は「われわれ」ではなく「彼ら」(they)であり、この依存節では主語であるが、それはいわば要求内容の内部での主体にすぎず、「彼ら」は行動を要求される客体の位置にとどまっている。

このように、冒頭の文はこみいった構文をとりながら、宣言の主たる自分たちを独立行為の主体として立てることを回避しようとすることにおいて、一貫している。「われわれ」はまだ立ち上げられてはおらず、さしあたり「人民」「彼ら」と呼ばれつつ、非人称構文や無生物主語による構文で言及される。またその行為が依存節のなかに組み入れられることによって、この「われわれ」は、「宣言」につきものの主体的な参与要素から自分を切り離すことに成功している。

次の文、すなわち第二段落冒頭で、「われわれは以下の真理を自明なものとみなす」という表現が現れる。主語はここではじめて「われわれ」として立てられるが、この行為遂行的主体は、アーレントが指摘したように、まさにそうした言語行為なしに存立しうる「自明の真理」という言葉によって不要にされる。この文の行為遂行性は事実確認的でしかありえない自明の理によって打ち消されてしまう。さらに「これらの真理」の内容記述においても、非人称構文や無生物主語の文が多用され、「人民」は目的語の位置に置かれている。行為主体としての人民の消去は、たとえば"Prudence will dictate that..."〔慎重な思慮は命じている〕や"all experience hath shown that..."〔あらゆる経験が示している〕という書き出しにも見られる。これらの抽象名詞は「慎重に配慮して命令する人間」や「経験から判断する主体」を背後に隠しつつ表現に客観性を与えるものである。このような「事実確認」を経て、「以上のことが、今や彼らをして、これまでの政治形体から政府への改変を余儀なくさせる必要性（the necessity which constrains them to alter their former systems to government）なのである」とまとめられる。この「必要性」という名詞化表現は、「必要である」と判断する主体を削ぎ落とし、同時に人民を「必要性」に拘束される「目的語」とすることによって、宣言主体の消去のレトリックに貢献する。

前文全体に見られる主体消去のレトリックは、第一に自分の行為を他の権威や必然性によって説明し正当化することに役立ち、第二に、その行為に対していまだ主体的な責任をとる準備ができていないことを示すものであり、第三にパフォーマティヴな側面より事実確認的な側面を強調し、少なくとも両者の決定不可能性をつくり出す。

この決定不可能性は、逆にもっぱら「事実確認的」であるとされる部分にも見いだされることをここで指摘しておくのも無駄ではあるまい。事実を前にしての宣言主体の自己消去は、第二段落最後の文「これを証するために、事実が公明正大な世界に提示されるがよい」に簡潔に表現されている。「事実をして語らしめる」ことによって、論証の仕事は歴史的な諸事実に任されることになる。この文の直後から「彼〔イギリス国王〕は〜をした」という列挙が始まる。だがたとえば「車が来た！」という文がたんなる事実確認にとどまらず、しばしば警告や注意の喚起という遂行的な発話でもあるように、独立宣言というマクロテクスト内でおこなわれる植民地宗主国の悪行の列挙は、同時に糾弾、告発、有罪宣告そして反逆の自己正当化という「言語行為」を「遂行」することでもある。[☆16] とくに列挙の最後におかれている「事実」は、それがアメリカ先住民への唯一の言及でもあるがゆえに注目に値する。

> 彼はわれわれのあいだに国内的な反乱の種をまき、われわれのフロンティアの住民たちに、情けを知らぬ野蛮なインディアンたち（the merciless Indian savages）——その戦いの掟は、年齢、男女、境遇を問わぬ無差別の殺戮であることが知られている——をけしかけようとした。

独立宣言の正当性を相対化し問題化する重大なポイントであるべき先住民との関係が、まともに論じられることなく、たんに列挙された事実の一つにとどめおかれる。しかもネイティヴ・アメリカンの問題は、その反乱を「けしかけた」イギリス国王に対する非難の文脈のなかに取りこまれ、独立革命を正当化する理由の一つに転用される。文の支配的意味は主節におかれることを利用して、先住民との問題はイギリス国王の悪行（彼は反乱の種をまき、インディアンをけしかけようとした）にすり替えられる。と同時に、国王非難の理由となる「インディアンの野蛮さ」の記述（「その戦いの掟は、年齢、男女、境遇を問わぬ無差別の殺戮であることが知られている」）は従属節におかれることによって、それ自体は議論の余地のない、そのまま議論の前提として容認される事実として提示される。つまりここでおこなわれている「事実確認」はけっして無邪気なものではなく、問題の矮小化とすり替え、植民地主義暴力の隠蔽、さらには先住民についての評価の押しつけといった、複雑なテクストストラテジーの産物なのである。

これまで見てきた部分において、言語行為論の操作カテゴリーである「遂行的／事実確認的」という対立がかつてなく不安定で、あやういものであること、さらにはこの「決定不可能性」がある種の効果を産み出すために「要求され」ているものであることが明らかになった。この決定不可能性は、『独立宣言』の最後を締めくくる、「宣言」本体の部分に見いだすことができ、この点についてのデリダの興味深い指摘がある。その紹介はすでに適切な形でなされているが、[☆17]ここでもう一度簡単にふりかえっておこう。

デリダが着目するのはテクストの署名主体の問題である。「いったいだれが、どのような名のもとに、一つの制度を設立する宣言行為に署名するのか？」[☆18] ここで問題となるのは、個人の契約における署名や手紙の類ではなく、まさに一つの「制度」の設立である。制度とは、個人的な行為や意志によって設立されるものではなく、個々の人間の手を離れたところで独立に自存しうるものでなければならない。したがって制度は、その最初の設立者の存在を自分から切り離すことによって、はじめて制度となる。とはいえ、制度は自分の起源を一切もたずにいることもできない。つまりまったくの私生児であるわけにはいかないので、その設立にあたっては必ずや署名が必要となる。

だがいったいだれが実際の署名者なのか。この問題に、デリダは場合分けをしつつ答える。それはテクストの起草者トマス・ジェファーソンではない。彼は五六名の署名者の一人にすぎず、みんなの意見をとりまとめる書記のような存在でしかなかった。彼の最初の原案はそのまま通らず、他の起草委員が大幅に手を入れ添削したことが知られている。つまり彼は他の署名者の代弁者、代筆者の一人にすぎない。だが本文下に名を連ねた五六人の議員もまた署名者ではない。なるほど彼らは事実として署名しているが、権利問題としては、彼らは自分のためのみならず他者の「ために＝代わりに」(pour) 署名しているがゆえに、「彼らもまた署名をしたわけではない」[☆19]。換言すれば、実際に署名している「われわれ」は"representatives"〔代表、代議士〕であり、その宣言は「これら植民地のよき人民の名において (in the name of)」なされるからである。要するに、署名者とは権利上、これらよき人民にほかならず、この人民が五六名の「代表」を仲介して、より詳しくは、これら代表者たちの代表たる宣言起草委員の代表たるジェファーソンを仲介して——しかもこの宣言を口述するもう一人の存在である「世界の至高なる審判者」という超越的な審級に訴えつつ——署名することになる。

さて、この代理の連鎖のなかでおこなわれる宣言にあって、国の独立はこの言説によって確認されるのか、それとも産み出されるのか、その決定は不可能である、とデリダは考える。この宣言は「よき人民」がすでに独立と自由を獲得したことを法的に確認するだけなのか、それとも宣言が署名つきで為されてはじめて「よき人民」は自分を解放するにいたるのか、決定はおそらく不可能であり、この決定不可能性は代理の連鎖にある発話主体の錯綜によっていっそう強められている。またこの決定不可能性は、宣言の中核部にある両義的な表現に書き込まれているものでもある。「この連合せる植民地は、自由にして独立なる国家であり、また権利としてそうあるべきである」(these United Colonies are, and of right ought to be, free and independent states)——この宣言内容には、事実表現「独立した国家である」と当為表現「独立した国家であるべきである」が混在し、独立がたんなる事実として確認されると同時に、「そうあるべきもの」として要請され意欲されている。かくして、遂行的でありかつ事実確認的でもあるしかない発言のなかで、代理者をとおして「よき人民」が宣言行為に参与する。ところがこの「よき人民」(the good people) というものは存在しているとはかぎらない、少なくとも独立宣言の前には、みずからを自由で独立であると自由に宣言できるような「主体」としては存在していないのであって、逆にこの宣言がかかる主体として署名者を、そして「よき人民」の総体を存在せしめるのである。通常の順序とは異なり、署名が署名者を産み出すのであって、その逆ではない。かれら署名者は事後的に署名する権利を得るのであって、未来完了的な時制のなかで、その行為が正当化される。署名されたテクストと署名者は一種の循環のなかで支えあっており、そこでは互いが他の根拠となりながら、宙づりのなかに存立している。しかしこれは、この宣言が根源的な無根拠性ないし恣意性の内にしか成立していないこと、みずからを「事実」として産出しようとする「フィクション」であること、つまりこの種の宣言は一つの原暴力であり、同時にその原暴力の隠蔽であることをも意味している。

デリダの分析が明らかにするのは、国家のすべての基礎となった独立宣言が、じつは自己言及的なものであり、その意味で自己以外のものに根拠をもたない、循環のなかで宙づりにされた宣言であるという問題である。それは、自己引用し自己参照しながら、自己を言いつつ産出する出来事である。そこには恣意性が、また無根拠性が隠れており、その隠蔽のために行為遂行性と事実確認性が決定不可能な形でテクストに書きこまれていた。だがそれは本質的に不安定なものであり、その揺らぎを封じ込め、「この独立宣言が意味と効果を持つためには最終審級が必要である」[☆20]。この最終審級として宣言の冒頭に「自然の神の法」が、また最後に「世界の至高なる審判者」や「神の摂理」

（Divine Providence）が、人民に分立の「資格を与える」（entitle）、すなわちこのありえないような宣言を可能にする。つまり自然法の神こそは「代表」の手をとおして宣言を口述し、最初にあるいは最後に署名する者である。この神こそは、決定不可能であった行為遂行的構造と事実確認的構造とを結びつけ、署名行為と署名者の相互依存関係を安定化させ、代理の連鎖関係に終止符を打ちながら、この宣言の錯綜した全効果を保証する。いまだ権利的に存在していない人民にその資格を与え、この先取りされた自己同一性の名のもとに署名が発効する、そうしたフィクションを支える最終審級、独立宣言の署名という不可能な瞬間のフィクションを可能にする装置、そうしたものとして「神」が援用される。

まとめよう。アメリカ独立宣言に読みとられるものは、アーレントがそこに見ようとしたもの、つまり暴力によらない相互約束の権力の誕生としての純粋なはじまりの出来事ではない。第一にそれは純然たる遂行的発話であるどころか、逆に行為遂行性と事実確認性のあいだの決定不可能性によって貫かれており、行為を事実化し、また事実の効果によって行為遂行をおこなうテクスト実践である。第二に署名者と署名行為の循環構造によって、宣言が自己言及的に権威を立ち上げるパフォーマンスをおこなう。第三に署名の主体を超える超越的な審級が宣言全体を支えつつ、宣言の恣意性を隠蔽する構造をもつ。第四に、アメリカ先住民の問題が隠蔽され、宣言行為はただたんにイギリス国王の植民地支配に対する対抗措置、正当な自己防衛行為という形でのみ規定される。

アーレントもまた「はじまりには、それ自体にまったくの恣意性をある程度含んでいるという性質がある」［*OR*, p.206, 三二九］と述べる。なるほどだから「はじまり」という出来事には、以前の暴力を断ちきり、新たな連鎖を生み出す力があるのである。だが逆にそれゆえにこそ、はじまりそのものは必然性をもたない新たな秩序の立ち上げとして暴力性を帯びざるをえない。たとえば秩序の一新は、それまでおこなわれてきた植民地主義暴力を不問にすることを、つまりその免責をもたらすことを、最低限忘れるべきではないだろう。この創設につきものの暴力性を隠蔽し、恣意性を乗りこえるために、はじまりを超越する原理や必然的に妥当する「自明の真理」が持ちこまれる。このような操作によって、恣意的なものでしかない「はじまり」が「原理」として効力を発揮するようになるのである。『独立宣言』を詳細に分析することによって、アメリカ革命という「はじまりの出来事」は、暴力の問題を一気に決着させてしまうというより、むしろそれを再提起するものであることが明らかになった。それは、アーレントが描こうとしたような、暴力の連鎖を断ち切る理想的な開始点ではなく、それ自体暴力的な構造を温存しており、暴力をめぐる記憶の政治と暴力の隠蔽の操作に開かれている。

「はじまり」の分析を困難にしているのは、事実確認と行為遂行がまさに一度きりの開始点において共属しつつ、暴力のコンテクストの切断と反復をともに立ちあげてしまうという逆説である。ある程度の成功を収めたアメリカ革命といえども、それは過去の構造をすべて断ち切る純然たる端緒ではありえず、そこには暴力の痕跡が否定しようもなく存在する以上、アーレントがおこなった描像にはなんらかの修正をほどこす必要があるだろう。だが歴史的出来事としてのアメリカ革命がアーレントのいう「政治領域」と完全に一致していないからといって、彼女の公共性についての議論がすべて否定されてしまうわけではない。暴力の連鎖を断ち切ることが困難であればあるほど、命令－服従ではなく、相互約束にもとづく関係の可能性が問われずにはいないからである。端緒にはつねにすでに反復がはじまっており、また未来における反復の約束がある。その際、暴力の記憶をたんに切り離すのではなく、それと向き合い、必要とあらば対決して、和解と赦しのプロセスを踏むことが重要となる。先に見たように、映画『赤い河』の後半の物語は「革命」以後もそうしたプロセスが模索されなければならないことを思い起こさせるものであった。さらに付け加えれば、政治領域に固有の「活動」の不確実性から人間を救うものは、「赦し」と「約束」であることを強調したのは、『人間の条件』におけるアーレントその人であったのである。

西部の公共性、あるいは『リオ・ブラボー』

『リオ・ブラボー』の出だしは衝撃的だ。クレジットが終わるとまず、サルーンの扉が大写しになり、それがゆっくり開いて一人の人物が登場する。それが悪玉でも正義漢でもかまわないが、西部劇のヒーローが出現すべきこの決定的瞬間は、髭も剃らず胸をはだけた不安げな男の登場によって裏切られる。アル中男に身を落としたデュード（ディーン・マーチン）である。彼は「サルーンに入ったらまっすぐカウンターに向かうべし」というウェスタンの「掟」を破るかのように人びとの背後にまわり、物欲しげな視線をカウンターに送る。そのまさに反西部劇的としかいいようのない哀れな姿に気がついた悪漢ジョーは、せせら笑いながら一ドル銀貨をデュードの足元にある痰壷に投げ入れる。それを拾おうと身をかがめるデュードとともにロー・アングルとなったカメラは、壷を蹴りあげる大男の下半身を映し出す。思わず見上げるデュードの視線から、まるで象のような仁王立ちのジョン・ウェインの姿を、カメラは極端な仰角でとらえる。保安官バッジを胸につけたチャンスの出現である。だが、この正義のヒーローの出現は、彼がジョーとの対決に向かおうとする瞬間に、後ろからデュードによって殴り倒されることによって、またしても裏切られる。直前のカメラがあれほど巨大に見せたジョン・ウェインが、じつにあっけなく倒れて地面に転がる。ホークスはそれに驚いている時間を与えてくれない。つづいてジョーはデュードを殴りつけ、それを制止しようとした男を至近距離からピストルで撃ち殺し、その酒場を去る。

このあっけにとられる冒頭シーンは、たかだか二分半のうちに、まぎれもない西部劇でありながら西部劇の神話を拒否することによって成り立っているこの映画のすべてを告げている。そこで主役を演じるのは酒ほしさに物乞いまでしようとするアンチ・ヒーローであるし、保安官は超人的な強さを誇る存在ではなく、まさに棒で殴り倒される存在として最初に印象づけられる。ハワード・ホークスは、西部劇のヒーローであるジョン・ウェインにだれもが期待するもの——不屈で倒れず、たった一人でピンチを切り抜ける強さ——をまず打ち消すことから、映画を語り始める。「チャンス」という名をもつ保安官は、絶対的な強さを誇るのではなく、偶然に左右され、チャンスをものにすることによってのみ、危機を乗りこえていくが、また同時に、その名が示すように——"**chance**"の語源はラテン語の"***cadere***"［落ちる］に由来する——、よく倒れる存在でもある。ホークスは映画の中でぶざまに地面に転がるジョン・ウェインを一度ならず見せている。

冒頭に続くシーンにおいて、保安官はジョーの逮捕に成功するが、その印象はほとんど変わらない。ジョー・バーデットは人を殺した後、すぐに自分の仲間がいるバーに移動する。そこに単身で乗りこむ保安官は、じつは足はふらつき帽子もかぶっていない。この「大胆さ」には、じつはいかなる成算もないのだ。チャンスはすぐにジョーの仲間に取り囲まれ、たちまち無力な立場におかれてしまう。保安官を窮地から救うのは、彼自身ではなく、デュードである。彼は見事な拳銃さばきを披露し、その場を制圧する。さきほどデュードに殴り倒されたチャンスは、そのデュードを殴り倒したジョーを殴り倒し、逮捕する。三人はお互いに一度ずつ殴り殴られ、かくして正義はなされたのである。

もしも「保安官」が西部における法と正義を象徴する存在であるならば、『リオ・ブラボー』はなにか新しい正義のあり方を告げてはいないだろうか。古典的な西部劇とは単純な善悪二元論にのっとり、ヒーローと悪人が戦って勧善懲悪の結末が得られる物語をいう。

西部劇というジャンルのモチーフに、どうあっても欠かせないのが、仮に〈ヒーローvs悪人〉と名づけるところのグループである。西部劇においては、ヒーローは単に、善が悪と闘わねばならず、そして勝たねばならぬという理由から、ひたすらにアウトローたち（銀行強盗、牛泥棒、駅馬車強盗）と戦いを交える。双方の側のモチベーションは単純明快である。そして、ヒーローが連邦保安官その他の法の執行人である場合、その西部劇はいっそうの威力を増すと同時に歴史的真実性が付加されて、悪を正すべく野をさすらう騎士というお伽噺のようなヒーローの概念は、付け足し程度にきわめて薄くなる。☆21

悪との戦いにおいて、ヒーローはたいてい単身で乗りこみ、しばしば超人的な力を発揮して、正義を実現する。たとえヒーローが法の番人であったとしても、その行動が法の枠内にとどまっているとはかぎらない。自分で自分を根拠づけることができない法は、法たらんとするために自分の外にある根拠づけの力を、つまり「法－外」としかいいようがなく、それ自体は適法でも不法でもない「力」を必要とする。法の中心にはこうしてある種の「アウトロー」が、法－外の力が存在する。法そのものの存在を否定しようとする「悪人」に対抗するためには、ヒーローは法の創設の起源に立ち、それ自体は法に属すことなく法を可能にする暴力を振るわねばならない。この「暴力」は、なるほどある種の正義を実現するためのものであるが、まさに法の外にある暴力として、最終的には隠蔽され排除され忘却されるべきものである。クリント・イーストウッドの『荒野のストレンジャー』を引き合いに出すまでもなく、この超人間的な「正義の暴力」をふるうヒーローが、しばしば最後に一人立ち去らなければならないのは、そうした理由によるのである。

　暴力を排除するための超法的な正義の暴力——それをふるうには、ヒーローは法の枠内の人間集団にとどまるわけにはいかず、孤独で「超人間的」存在たらざるをえない。彼はだれの力も借りずに、たった一人で悪に立ち向かう。もしも以上が「古典的」西部劇のヒーロー像だとしたら、『リオ・ブラボー』の保安官はその反転した姿であるという印象を否定できない。チャンスは超人的なスーパースターであるというより、恐れの感情をもち夜の見まわりで牛に驚かされる人間であり、女に対しては不器用な男であり、なるほど命知らずで敵地に乗りこんでいくが、彼自身が問題を解決することはほとんどない。

　「血の混じったビール」のエピソードでは脇役しか演じられずに飽き飽きし、通りの真ん中では「偽のデュード」の罠にはまり、パットを殺した男には納屋から逃げられ、彼が窮地から逃れることができるのは、外部の力（デュード、コロラド、そしてスタンピー）のおかげなのだ。

チャンスが登場人物たちの中でもっとも失敗の矢面に立たされるのは、彼がたったひとりで障害を乗りこえることができる強い男だと思われているからである。この自己についての過大評価は、デュードのアルコール中毒よりも危険な疎外の別の形態である。[☆22]

つまりチャンスは、ある意味で一人ではなにもできない人間であり、仲間とチームを作り、その集団のなかにおいてはじめてチャンスを得る人間である。彼の力は、自分でそう思いこんでいる孤高の超人的な強さにではなく、同等の仕事をする仲間との信頼関係にその源泉をもっている。彼は仲間と同じ一人の人間であり、けっして突出することなく、みんなと強さ弱さを共有しながら、任務を遂行する。彼は仲間を統率するが、『赤い河』のダンソンのように命令を下す存在ではない。その権威は超越的な高次な価値や暴力から来るのではなく、複数の他者と「共に在ること」(togetherness）そのものから生じてくる。

このようにホークスは従来の西部劇のヒーロー像を、まさにその象徴たるジョン・ウェインを使って転倒する。それはまた、西部劇にまつわる紋切り型の人物像の転倒でもある。[☆23]たとえばホークス好みのジェンダー反転がここにも持ち込まれているのは明らかである。チャンスとフェザーズ（アンジー・ディッキンソン）の最初の遭遇で、フェザーズは、赤い女物の下着をあてがっているチャンスに、「見事だけど男には不似合いよ」とからかう。イカサマをやったと疑われたフェザーズは、身体を調べるなら調べてみろと逆に居直り、恥ずかしがるのはチャンスの方だ。二人がカウンターで酒を飲むとき、チャンスが内側で酒をつぎ、フェザーズがカウンターに肘をついて飲むという、内と外の逆転した構図をカメラがとらえている。恋愛のイニシアティヴをとるのは女の方で、西部劇の男女にまつわるステレオタイプが完全に逆転している。銃を構えて夜通し不寝番をするのは女であり、男が守られる。そもそも保安官の名前は、ハワード・ホークスのフランス人の恋人シャンス・ド・ウィドステッドという女性からとられたものである。このジェンダー反転は最後まで続く。おしまいにチャンスは、「わたしは保安官だ、君を逮捕する」と言ってフェザーズをものにする。しかし、その前にスタンピー爺（ウォルター・ブレナン）によって、「檻に入れる」男が逆に「自分で檻に入る」ものであることを観客は知らされている。男と女はたえず位置を交換し、役割をチェンジして、ある種の「平等」にまで達している。

アンチ・ヒーローであるチャンスが体現する「正義」を支える集団とはどのようなものだろうか。チャンス同様、その仲間も並の人間であるほかはない。デュードは飲酒癖から抜け出すためにひどく苦しんでいる。われわれはホークスの演出によって、アルコール中毒と闘う人間が、その震える手を虚空に、存在しない酒瓶の方に伸ばそうとして思いとどまり、どこにもやりようのない手を口元に運ぶことを知る。スタンピーは足が悪く、留守番しかできない。フェザーズは酒を飲み過ぎて我を忘れるような女性である。これらの人間たちを敵から区別するヒントを、例によってハワード・ホークスは映画冒頭から一挙に与えている。まったく台詞のないことで特筆されるべきこのファーストシーンで、ホークスはなにが「正しく」なにが「正しくない」かを、痰壷に銀貨を投げ入れることで提示する。酒を飲みたい一心でデュードが痰壷に手を伸ばそうとしたとき、壷を蹴飛ばす保安官チャンスは、「金のためになんでもやるような人間になってはならない」ことを動作で示す。一方のジョーは金で人を操ろうとする人間である。ジョーが逮捕されると、兄のネーサン・バーデットは次々に殺し屋を金で雇い、弟を救出しようとする。バーデット一味は、銀貨に象徴されるもの、すなわち利害関係で動く集団である。兄弟を助けようとすることも、公の法を犯してまで家族というプライベートなものを守ろうとする点で、私的利害を優先する行為であることにかわりはない。一方チャンスの「仲間」は、自立した個人で、だれも「家族の法」に縛られてはおらず、自分だけの利害にとらわれずに行動する。一人の男が公法を破ったなら、たとえどれほど危険であっても——つまり自分の生命というもっとも重要な利害を顧みずに——敵地に乗り込み、逮捕し、公の法にのっとって裁きにかけなければならない。逆にたとえ敵の人間でも、明白な罪を犯していないかぎり、勝手に逮捕することはできない。冒頭のシーンは、無言の動作で、公共の場における正義を、私的な利害から離れて行動することとして一挙に告げるのである。

「ジョーに友達はいない。五〇ドルでホイーラーを殺したようなやつだけだ。」——そうチャンスは、弟に面会に来たネイザン・バーデットに言う。利害関係で結ばれた人間たちのあいだには、最終的には「自己」しかなく、「友達」はいない。一方チャンスは、まさに自分が利害を離れて行動することによって、利害によらない人間関係を自分のまわりに築きあげていく。彼が保安官であるのは、没利害的な公平性という公的正義を実行するからであり、そのまわりにはアーレントが規定したような公共的な領域が出現する。それを理解するために、『リオ・ブラボー』を『真昼の決闘』(フレッド・ジンネマン監督、一九五二年)と比較してみよう。よく知られていることだが、ホークスはこの映画が「嫌い」で、だからそれとは正反対の仕方で自分の西部劇をつくろうと思い立ったのだ、と後年のインタビューで述べている。[☆24] ゲーリー・クーパーが演じる保安官もまた、悪に屈せず正義を守りとおすのだが、彼は最終的に完全に孤立してしまう。判事も副保安官も身を引き、住民が集まる教会で援助を願い出た保安官に、町長はまさに「町の発展のため」だと言って、彼に即刻出ていくように勧告する。保安官の存在は、町の住人たちのエゴイズムを否応なく際だたせてしまうがゆえに、彼は疎まれ嫌われる。すべての人間が自己保身や経済的利害のために動いており、この「死んだ町」に「男はいない」。ゲーリー・クーパーの孤独は、悪党一味との決闘シーンでさらに際だつ。住民たちは危険を恐れて孤立する保安官を見捨て、真昼の決闘時刻をむかえてだれもいなくなったこのゴーストタウンに、公共空間は存在しない。決闘がすんで住民が道にあふれ出してきたとき、クーパーはバッジを投げ捨て、この公的正義を欠いた町を立ち去るのである。

この状況をハワード・ホークスは「転倒」させる。保安官は助けを求めるのではなく、友人が申し出た加勢を断る。それでもみんなが彼を助け、最後の決闘のシーンでは、ホテルの支配人カルロスまで駆けつけるだろう。バーデット一味が保安官詰め所に乗りこんできたときも、まわりにたくさんの人がいることをホークスは強調する。「えらく人が多いな。」「あんたを見に来たんだ。」「こう証人が多くては無茶はできん。」こうした台詞のやりとりは、西部劇の舞台がもはや無人の荒野ではなく、複数の人間のあいだで公開された公的空間にあることを示している。そしてチャンスは、この「公開性」を自分の力とし、公衆を味方につけ、衆人環視の状況を利用して、バーデット一味の要求をはねつけるのである。他者を犠牲にしても自己利害を追求しようとする敵に対抗するための力を、チャンスは自分の超人的な勇気にではなく、仲間たちの協力や多くの人間の判断に開かれた公開性から得る。そこには西部における公共性が具現している。

この公共性を特徴づけるものが私的利害からの離脱であることを、ホークスはコロラド（リッキー・ネルソン）という若者をとおして見事に表現している。チャンスの仲間に加わることを「自分には関係ない」（It's not my own business.）とはじめ断ったコロラドは、いまだ自己利害から抜けられず、公的領域に参入する資格をもっていない。腕も立ち、機転もきくコロラドをしばしば形容するのは"smart"という言葉である。むろんそれは、「利口」(clever)で「利に聡い」(quick to take advantage)という意味に解されねばならない。それはカントが「自分自身がもっとも安楽になるための手段を選択する際の熟練を、もっとも狭い意味で賢さ〔Klugheit：怜悧〕と呼ぶことができる」☆25として記述したものに通じている。つまりこの熟慮はいまだ自愛の原理のうちにとどまっている。ホイーラーの遺品を届けに来て、自分の給料分だけを確保しようとしたとき、彼はまだ自分のことしか考えていない。だがコロラドはいくつかの関わりをとおして、自分の利害を超えて他人と共同でなにかをやることを学んでいく。フェザーズと一緒にチャンスを助けた彼は、ついに保安官に合流し、副官の給料をもらって働くことに同意する。聖書が見つからず、宣誓はただ右手を挙げ、「保安官としての義務とテキサス州法を遵守するか」という問いに「そうします」(I do.)という行為遂行的発話がなされるだけである。そこにはなんらの超越的原理も宗教的認証も不要であり、ただ相互の誓約だけが彼らの絆をなしている。

変化するコロラドのキャラクターをとおして、ホークスは私的領域から公的領域への参入のプロセスを描いている。コロラドが完全にチャンスの仲間として受け入れられたことを示すのは、あの名高い歌のシーンである。この奇跡のような場面は、いかなる筋の進行とも関係なく、いかなるアクションをも進展させない。だが多くの批評家が認めるように「無駄なシーンなど一つもない」この映画において、公的な振る舞いを学んだコロラドとアル中を克服したデュードが一緒に歌を歌う場面は、男たちの無私であるがゆえに完璧な絆が結ばれたことを象徴的に示している。たたみかけるアクションの連続を一時中断し、そこに「なにもしない」時間と空間を出現させたホークスは、この「無為」の共有こそが友情の真の表現であることを示したのである。

「ホークスはアメリカ映画における最大の美徳を集約する存在でもある。言うならばわれわれにモラルを教えることのできる唯一の人間なのである。[☆26]」——『リオ・ブラボー』の六年前に書きつけられた言葉ながら、それはこの映画のすべてを要約している。われわれはコロラドとともに、他者のあいだでどのように行動しなければならず、なにをしてはいけないのかを学び、ホークス的集団へのイニシエーションを経験する。この集団が、単純な形ながら、アーレントの公共性を具現していることをもはや強調する必要はあるまい。この西部劇ならぬ西部劇は、いかなる超人的な力の介入もなしに、ただ人びとの私益を超えた相互信頼のみが、じつに爽快な形で公的正義を実現することを、ただホークスのみに可能な仕方で示している。そこにおいて、人間はまだ自分のためだけに生きているわけではないこと、必要や富や暴力に支配されているわけではないこと、つまり「政治」と「モラル」が他者との共存のなかで、いまだ可能であることを実感するのである。

もしも公共性の概念が重要だとすれば、それがたんに理想的な状態にある人間集団を記述するにとどまらず、危機に瀕した破滅的状況においても妥当しうるものだからである。人間のまともな共存がほとんど不可能になるような場にあって、なおも公的な行動を語ることができなければ、理念にとどまる「公共性」にはあまり意味がない。さて、アーレントの公共性は、ユートピア的ないし神話的なものであり、現実を批判するために設けられたこの世界の外部にある架空の参照点にすぎない、としばしば言われてきた。ゆえに本書の最後で、アーレントに忠実でありつつ、なおその概念を拡張して、カタストロフィーにおいてもまだ公共性について語ることができるかを検討する。極限的な状況——たとえば強制・絶滅収容所の内部——において、公共性についての考え方を試練にかけ、それを脱構築の言説と接近させてみることができれば、興味深い試みとなるだろう。けだし、全体主義という乗り越え不可能な地平のうちにありながら、なお倫理と正義を語ることの可能性を探ることが、ここで賭けられている問題だからである。

Ⅳ　カタストロフィーのなかの公共性

——アンテルム、ブランショ、アーレント

どうやってそこから抜け出すのか分からなかったが、彼はこの破局（catastrophe）を待ち望んでいた。それはまちがいなかった。「英雄」たちがくたばり、うずくまるようになる時がやってきたのだ、やっと彼みずからが、もしも殺されずにすんだら、たった一人であろうとも——彼の母親は爆撃で死んだし、家は破壊されていた——なんとか息をすることができるようになるだろう。（Robert Antelme, *L'Espèce humaine*, Gallimard, 1957, p.221.）

ある言葉の意味が対立するものとの関係において定義されるのであれば、公共性は、私的領域との対立関係のなかでつねに考えられなければならない。とりわけアーレントのように、公的領域を私的領域のたんなる拡大や親密圏の延長としてではなく、まったく異なった原則が支配している場として峻別する思想家においては、その対立を見失わないことが重要となる。アーレントは、私的領域や親密圏から公的領域を切り離し、複数の他者との公的関係への参入によって公共論的転回とも言えるものが生じることを論じた。だが、この「切断」や「転回」が遂行されるにあたって、彼女は一見矛盾する二つの条件を提起しているように思われる。一方で人間は、私的領域の制約から自由に行動するために、私的な生活内の欲求が解決されていることを必要とする。公的な振る舞いは政治的に成熟した対等な自由人のあいだにおいてのみ存在する。つまり公的領域は私的領域の一定の成熟に依存しており、人びとが生活の保障を得ていることを前提に成立する。だが、反対に、生活が自足していないところでこそ、人びとが共にどうあるべきかが問われることも事実である。この観点からすると、公的な振る舞いを要求されるのは、また公共性が懸案となるのは、逆に生存そのものが脅かされていたり、保障されていないときではないだろうか。危機的状況にあってこそ、なお他者との公的な領域を確保することが重要となるのではないだろうか。じつはアーレントは、公的領域の出現の可能性を、社会の大変動や危機に、いわゆる革命的状況において、しばしば認めている。この場合、私的生活のあり方とは無関係に、むしろ私的領域そのものが不可能になるような状況のなかで、公的領域が論じられている。いわば「ブルジョア的」公共性と「革命的」公共性が、アーレントのテクストにおいて同じ「公共性」として語られているのは、どのような論理によるのだろうか。とりわけ、カタストロフィックな状況にあってなぜ公共性が要請されなければならないのだろうか。こうした問題に取り組むために、まず公的なものと私的なものを分かつもの、すなわち私的利害を切断するための可能性の条件を検討することから始めてみよう。

私的利害と公共性

他にだれもいないとき、人間はもっぱら自分自身に関心を集め、自己利害にもとづいて行動するものである。戒律や掟を課す神や社会道徳の声を内面化しないかぎり、人間は一人では徹頭徹尾エゴイストである。苦痛の軽減と欲求の充足をめざし、精神的にせよ肉体的にせよ満足と快をもっぱら自分のために得ようとする。だが、そうした振る舞いはむしろ当然のものであり、じつは「エゴイズム」とすら呼ぶことができない。というのもエゴイストとは、まさに他者のいる前でただひたすら自己利害を貫徹しようとする者、対人関係にありながらたった一人であるかのように振る舞う者のことだからである。

自己利害の追求が孤独においては当然視され、他者との関係のなかではしばしば非難されるのは、人間が一人でいる場合と複数でいる場合では、行動の基準が異なっているからである。たとえば、孤独のなかで「わたし」の利害を肯定してくれるものならすべて正しいとしても、他者のあいだでその「正しさ」が逆に不正に転じることは十分ありうる。つまりここには二つの異なる領域が存在しており、それをアーレントは「私的領域」（私的利害にもとづいて行動する領域）と「公的領域」

（他者のあいだで私的利害から離れて行動する領域）と呼んだ。アーレントはこの公的領域のなかに、複数の他者の相互性と自由にもとづく政治的経験が成立すると考えた。

私的利害はただ個人のレベルで追求されるとは限らない。たとえば家族のような集団は、構成員の私的利害を束ねて集団の利害として共有するかもしれないが、それはあくまで公的とはいえない利害の追求でしかない。個別の利害や権益を共有する人間同士で一致団結し、集団の力で行動をおこすような場合、個人を超える共同性が実現しているように見えても、そこにある公共性は擬似的なものであり、その内実は私利私欲の追求が個人から集団のレベルに格上げされただけの、いっそう強化されたエゴイズムの拡大形態にすぎない。[☆1] 個々のメンバーが集団のためにいかに献身的な働きをしようとも、家族集団も労働者の団結も、社会全体からみれば部分的でしかない利害に縛られているかぎり、けっして公的領域を形成しえない。アーレントはこの擬似公共性を、「私的なものでもなく公的なものでもない社会領域」［*HC*, p.28, 四九］と呼び、この領域の台頭が公的領域の衰退を招いたとして、ネガティヴに評価している。

特殊利害にすぎないものを公共的で全体的なものと主張する共同体が、いかなる倫理をも保証しえず、最悪の集団的エゴイズムに陥ることは、全体主義という未曾有の経験が明らかにしたものである。「その『犯罪』が伝統的な道徳の規準で判断することも、われわれの文明の法の枠組みで裁き罰することもできない全体主義の支配」[☆2] に、「一家のよき父」や法に忠実な官僚が抵抗するどころか、逆にそれを支える大きな力となったのである。反ユダヤ主義は、ユダヤ人という少数者を犠牲にすることで、マジョリティが一体となる体制を生み出す。だがそれは一部の排除の上に成り立っているがゆえに、けっして「全体」とはなりえず、真の公共性は成立しえない。利害関係にもとづいて集団を規定するかぎり、部分集団が全体を標榜する全体主義の危険はつねに存在する。アーレントが公共領域を構想したのは、エゴイズムとは異なる基準で人間関係を規定すること、特殊利害の貫徹ではなく、その切断の可能性を探ることが急務だったからである。☆3

私的利害切断の要件

このような公的領域は、アーレントによれば、複数の自由な人間同士が私的利害を離れて出会うことを前提としており、そのためあらかじめ一定の条件をクリアしていることが求められる。たとえば飢えや貧困といった状態が克服されないかぎり、人間は自己の生存というもっとも重要な私的利害を優先させざるをえず、自由な政治空間が成立することはない。

或る事実の純然たる現れが重要であればあるほど、それを適切に評価するには、それだけ多くの隔たりが必要とされる。われわれが、自分自身のこと、つまり生命への配慮、利害関心、差し迫った欲求を忘れることができず、したがって称賛すべきものをとらえることができず、それをあるがままにその現れのままにしておけないような場合には、この隔たりは生じえない。このような利害関心なきよろこび（カントの用語では *uninteressiertes Wohlgefallen*〔没関心的な適意〕）は、生体の必要が充たされ、その結果生命の必然性から解放され、人びとが世界に対して自由でありうるようになって初めて経験しうる態度である。☆4

かくして政治領域は、経済領域の一定の可能性に条件づけられていることになる。本来的な「政治」、そしてそこにおける「自由」が語られるためには、まず人間の「必要」が充たされ、生存の根底をなす「必然性」から人が解放されていなければならない。実際、古代ギリシアのポリスがアーレントのいう「政治領域」の範例たりうるのは、「自由人、すなわち他者の強制に服す奴隷でもなければ、生命の必要によって駆りたてられる労働者でもない人びとに仕えるという明確な目的をもって創設されたのが、古代の政治的共同体だけである」☆5からである。またアメリカ革命が一定の成果をもたらしたのは、ある程度まで貧困が解決されていた（むろん黒人奴隷はそこから除外されているが）からであり、逆にフランス革命の失敗は、人民の貧困と欠乏によって、すなわちそこでは「自由が必然性に、すなわち生命過程そのものの切迫に明け渡されねばならなかった」〔*OR*, p.60,

九二」という理由によって説明されていく。ただ近代の技術発展のみが、奴隷制にみられる一部の人間の隷属に依ることのない繁栄をもたらすことによって、万人に開かれた公的領域の可能性を開くであろう。

こうした議論をみるかぎり、生命過程が脅かされている状況で、それでも人が自己利害を超えて行動する可能性があるなどと、アーレントがほとんど信じていないのは明らかである。だが、そうすると、経済的条件がなんらかの原因で満たされなくなるやいなや、公共性はたちゆかなくなり、ただちに崩壊してしまうことになるだろう。生活状況の悪化によって、すぐさま私的利害の論理が、すなわちエゴイズムが幅をきかせるようになり、公的行動の倫理は、ほんらいエゴイズムに対抗するべきものであるはずなのに、なすすべもなく沈黙することになってしまうだろう。さらに、彼女のいう政治領域に参加できるのは、経済的に恵まれ十分な自由時間をもつごく一部の人間たちのみであり、それ以外の者——貧民、労働者、従属的な立場にある女性やマイノリティ集団など——はそこから排除されてしまうことにならないだろうか。アーレントの公共領域は、万人に開かれたものであるどころか、逆にごく一部のブルジョア有閑階級にのみ許される、エリートの閉域になってしまう危険がある。

ところが他方で、アーレントのいう政治領域の出現と、その可能性の条件とされる必然性（necessity）からの解放が、必ずしも一致しないばかりか、明らかに背馳する場合の例を、彼女のテクストそのものに見いだすことができる。第一に、貧困同様に、経済的な豊かさもまた政治領域の成立にとってはマイナスである。「アメリカの繁栄とアメリカの大衆社会は、ますます政治領域全体を荒廃へと追いやっている」。というのも「豊かさと貧困は同じ硬貨の両面にすぎない」［*OR*, p.139, 二二〇～二二二］からである。この驚くべき断定は、豊かさも貧困も、どちらも私的利害の追求に奔走することにおいて同一であるという意味に解されねばならない。結局のところ、私的利害を断ち切らない限り、経済的な状況の善し悪しにかかわりなく、政治的領域は成立しない。[☆6]

第二に、公的自由の創設としてアーレントが挙げる世界史上の出来事は、必ずしも貧困や欠乏が克服されていない状況において生じている。つかのまではあれ政治領域の出現をもたらした「評議会」[☆7]として取りあげられるのは、一八七〇年、一八七一年のパリ・コミューン、一九〇五年のロシア・ソヴィエト、一九一七年のロシア二月革命、一九一八年、一九一九年のレーテ制度（労働者兵士評議会）、一九五六年のハンガリー革命などであるが、それらはしばしば人びとの困窮をきわめた状況のなかで自発的に出現してきたものであった。そもそも、これら革命的評議会制度のはじまりに、フランス大革命――その失敗は貧困等の社会問題にとりつかれていたからだとされる――のただ中に出現したパリの市評議会《コミューン》が挙げられていることは重要である。つまり、公的自由の創設としての政治領域は、必然性から解放された有閑階級にのみ許されているのではなく、それとはしばしば無関係に、あるいは必然性の拘束に抗しながら、つかのまではあっても世界史上にたびたびその姿を現してきたのである。[☆8] おそらくアーレントが政治領域の前提とした一定の経済的条件は、革命の持続や成否を決める重要な要因ではあっても、公的領域の最初の出現を左右する決め手とはなっていない。

いやむしろ、逆にある種の極限状況や破局的な出来事をきっかけにして、そうした公的領域が成立をみることに注目しなければならない。アーレントは『過去と未来の間』の序文で、第二次世界大戦でおこなわれたレジスタンス運動のなかに公的領域の到来を見いだしている。

かれらにとってフランスの陥落はまったく予期せぬ出来事であった。〔……〕かくして、第三共和制の公務に与ることなどもちろんなかった人びとが、真空の力に吸い込まれるかのように政治に呑み込まれていった。こうしてかれらは何の備えもなく、おそらくは当初の意に反して、否応なく公的領域を構成することになった。〔……〕社会がその成員に割り振り、同時に個人が社会に心理的に反応する際にみずから作り上げる一切の仮面をかなぐりすて、このようにありのままになったとき、生まれて初めてかれらのもとに自由が幻のように立ち昇った。自由《フリーダム》が出現したのは、かれらが暴政や暴政に優る悪に反抗した〔……〕からではなく、かれらが「挑戦者」となり、みずからイニシアティヴをとり、そのことによってそれと知ることもあるいは気づくこともなしに、自由が姿を現すことのできる公的空間をかれらの

あいだに創造しはじめたからである。☆9

独軍によるフランス占領という「予期せぬ出来事」とともに、「公的領域」がぽっかりと開かれ、そこに「吸い込まれるかのように」人びとは「何の備えもなく」「当初の意に反して」自由の出現に立ち会うことになる。パリの陥落というカタストロフィックな出来事の衝撃が、なんの準備もない人びとを公的領域に否応なく投げこんでしまう。こうした記述を読むかぎり、公的空間を切り開くのは、カタストロフィー、すなわち日常生活を切り裂く出来事の衝撃力であって、あらかじめ解放された自由な人間たちの熟慮の結果ではない。実際、地震のような大規模災害や戦争にあって、人びとが互いに連帯し公的活動にみなが従事することはよく知られている。カタストロフィックな出来事は、政治的空間を破壊してしまう不運であると同時にまたチャンスでもあって、「革命の失われた宝」の存在に人びとの目を開かせる機会ともなるのである。

二つの公共性

だがそうすると、アーレントの「公的領域」には一見矛盾するような二つのとらえ方が混在していることになる。一方に必然性からの解放を前提にした自由な人間の織りなす政治領域があり、他方に無差別に人に襲いかかるカタストロフィックな出来事が到来させる公的空間がある。十八世紀西欧のブルジョア的文芸公共圏をモデルにしたハーバーマスが依拠しているのは、もっぱら前者のとらえ方である。しかし全体主義の衝撃から思考を開始したアーレントはそこにとどまることなく、むしろ破局的な場面での政治空間の可能性をつねに念頭においていたとしても不思議ではない。ちょうど彼女の「同時代人」たるベンヤミンが、ジョルジュ・ソレル的な反議会民主主義やマルクス主義的かつメシア待望論的な革命論の流れに属しているように、アーレントの中にも啓蒙(Aufkläarung)の思想と「危機」の思想が同居しており、この二つが公共性の問題についても特異な緊張をつくりだしている。いうなれば、その課題とは、啓蒙の諸概念を放棄することなく、それらを鍛えなおしながら、破局的な危機の問題を考え抜くことにあったのである。

一方でギリシア・ローマの共和制をモデルにし、他方で近代の革命の数々(の失敗)を参照しつつ、アーレントの公的領域には二つの異なるとらえ方が一緒に流れこんでおり、おそらくそこに矛盾を見ることは容易であろう。[☆10] しかし、そうした「矛盾」は、彼女が讃える十九世紀の偉大な思想家たちと共有するものとして理解しなければならない。

偉大な作家の作品においては、矛盾は作品の核心に通じ、またかれが抱えていた問題や新しい洞察を真に理解するのにもっとも重要な鍵を提供する。マルクスの場合、うわべは戯れるかのような挑戦的かつ逆説的な語調が、旧くからの思考の伝統――いかにしてもその概念の枠組みの外で思考するのは無理と思われた――によって新しい現象を扱わねばならぬ困惑を隠している。これはマルクスに限られたことではなく、十九世紀の他の偉大な著作家の場合も同様である。マルクスはキルケゴールやニーチェと同じく、伝統的概念そのものを道具として用いながらも、伝統に反して思考するという絶望的な試みをしているかのようである。[☆11]

アーレントもまた、「全体主義の支配が一つの既成事実となったとき、西洋の歴史の連続性は断たれた」[☆12]なかで、手探りの思索を深めていった思想家として、十九世紀の「偉大な作家」の系譜に属している。ここでわれわれの問題は、その矛盾とみえるものの底に横たわる問題を抽出することである。

そもそも彼女が必然性からの解放を公的領域成立の前提としたのは、この解放のみが人びとを駆りたてる私的利害からの自由を与えてくれるからであった。貧困や欠乏によって生命過程の必然性の呪縛から逃れられないところでは、自己利害を最優先におく個体に私的利害の超克を求めるのは現実的ではない。私利私欲の追求にいやおうなく駆りたてられるところで、公的自由を論じたり、私的領域や社会領域から区別される公的領域を定義しても、それは絵空事にすぎない。アーレントは、基本的な生存の欲求に圧倒された人間たちに、自己利害を断ち公的人間として振る舞うことを要求はしない。そうした要求は、絶滅収容所に入れられたユダヤ人になお高邁な態度とうるわしい連帯を求めること同様、人間の善意と強さを疑わないあまりに楽天的なものだからである。

しかしながら、ある種の破局的な出来事が、従前の利害関係の網の目から人間たちを逆に解き放ち、利益によらない行動を強いるケースも考えられないことではない。家族や社会のなかで、通常、人間は自己利害の延長上に、他者との利害関係の葛藤や調停を経験しながら生活している。多数の人間に及ぶカタストロフィックな出来事——大災害や革命、戦争など——の到来は、親密圏から社会全体に及ぶ利害ネットワークを暫時切断し、万人に妥当するような行動規範を各人に課すことがある。特定の利害から離れておこなわれるものが公的行動であるとするならば、そこにはまさに公的領域が存在する可能性があると言わなければならない。外的な力の介入もまた日常性を断ち切り、日頃の利害計算を無効にしつつ、他者との状況の共有を各人に強要する。だからこそアーレントは、レジスタンス運動のなかに公的領域の突然の出現を認めることができたのである。

パレスチナの抵抗運動に立ちあい、それを支持したジャン・ジュネもまた、共同体にとっての重大な危機が、人間集団を政治的存在へと再編するきっかけとなることを示唆している。

祖国（patrie）は国家（nation）ではない。せいぜいでも、それは脅かされた国家でありうるぐらいである。つまり苦しむ国家、傷つき侵害された国家でありうる。

［……］

なぜか知らず、わたしはくりかえすが、祖国がおのれを祖国と知るのは、ただ他処からやってきた災難のなかでのみなのだ。☆13

傷つき脅かされているにもかかわらず祖国が存在するのではない。逆に重大な災難によって傷つくことこそが、人びとの集まりを「祖国」と呼ぶに値するものに変貌させる。このテクストの草稿段階では、祖国をそれたらしめるものは「傷」の存在であることが明確に述べられていた。

真の祖国とは、祖国ならどんなものでも、一つの傷である。かつてドイツ占領下にあって、フランスの祖国は散らばり、また同時に連帯して存在した。パレスチナの祖国は、それが抹殺されたがゆえに今日存在している。☆14

同胞愛を唾棄し、いかなる共同体にも帰属することを拒否しつづけたジュネが、唯一祖国の存在を認めるのは、それが侵害され抹殺されているかぎりにおいてである。[☆15] この逆説的な祖国概念は、しかしながら『革命について』で記述される「公的領域」とさほど隔たっているとは思われない。ジュネの共同体なき祖国とアーレントの公共性は、まさに危機の中で出会うのである。

これまで述べてきたことから、アーレントが描き出す公的領域の二つの異なる描像に、同じ一つの論理が働いていることを見るのは容易だろう。生命過程の必然性からの解放をもたらす共同体の内的成熟と、通常の利害ネットワークを断ち切る方向で働くカタストロフィックな出来事の外的衝撃は、ともに私的利害追求を中断させ、人びとが特定の利害から離れて行動する領域を開くきっかけを与える。根本にあるのは特殊利害からの離脱であり、それこそ政治領域ないし公共圏の成立要件となる。むろん危機的な状況は、既存の共同体の強化やナショナリズムの高揚といった結果をもたらす可能性がつねに存在する。危機においては、個を超える公の超越性という共同幻想が喧伝され、より高次の共同体への個の融合という内在の論理が声高に叫ばれるのが常であった。だがそれゆえにこそ、私益を超えた全体への結集という同一性強化の論理に対抗するためにも、全体主義の誘惑に抵抗するためにも、破局における公共性――そこではまだ、啓蒙の理念が、必ずしも否定されてはいない――が問われていかなければならないのである。それゆえにこそ、一定の経済条件がクリアできていなくても、いまだ貧困や動乱のもとにある極限状況でも、アーレントはなお「公的領域」について――たとえそれが安定して持続することは望めなかったとしても――語ろうとしたのである。だがそれならば、特定の政治・経済的制度や状況に限定されずに、規模の大小を問わず、じつにいたるところで、「公的領域」を思考することができるだろう。というのもそれは、これこれの歴史的な現象というより、むしろ人間同士の政治的行動の可能性にかかわっているからである。公的領域はあらゆる場面に原理的に開かれている。だがまた、これほど具現化が困難なものもないことを、次に考察してみなければならない。

まったき他者の公共性

私的領域に対立するものとしての公的領域を提起しなければならないのは、公的自由と正義が失われるまでに人間は私的な利害関係に圧倒されているからである。人は生まれてから地縁や血縁に組み込まれるがままになり、職場や党派、仲間集団などのさまざまなネットワークに属しながら、そこで自己利害の実現をめざしている。そうした集団は、それ自体特定の利害の上に成り立つものであり、真の公共性を有していない。利害によって結びつく人間集団では、有用性にもとづいて人間評価がおこなわれ、それは役に立たない存在の差別と排除をつくりださずにはいない。有用性の基準によって無用の刻印が押された人間を、その否定的評価から解放するには、没利害的な公的空間にそれらの人間たちを招き入れなければならない。

いわば人間の生活そのものともいえる私的利害の追求を中断するといっても、個人的なモラルやヒューマニズムを当てにするべきではない。第Ⅰ章、第Ⅱ章でもふれたが、むしろアーレントによれば、この中断がおこなわれるには、たんに異なる他者が存在するという事実があれば十分である。複数の他者がおり、すべてが公に知られている場では、他をさしおいて自分だけ利益を得ようとする行動は不正とされ、容認されない。他者の犠牲のもとに達成されるような個別利害は否定され、自分や仲間にとってだけでなく、あらゆる他者にとって妥当なものだけが正しい行動となる。ある行いが公正であるかどうかを知るためには、自他の立場の「反転可能性」[☆16]（reversibility）を検証してみればよい。この反転テストによってふるいをかけられ、個別利害が払拭されてはじめて、行動や判断は公正さを獲得し、「公的」と呼ばれるに値するものとなる。すでに論じたように、カントは、私的利害を超えた公平性をもたらすための原理を、行いがみなに隠れなく知られていること、つまり「公表性」に求めた[☆17]。公衆に知られているところでは、自分だけの特例を設ける行為は排除され、おのずと——つまりいかなる博愛精神も人間の善意も必要とすることなく——公的正義が実現する。なんらかの内的美徳や隣人愛の力ではなく、ただ複数の人間の異なる観点にさらされることによってのみ、人は自己利害を離れ、公的領域に参入することができるのである。

とはいえ、このような公表性の原理が効力を持つためには、公衆のあいだに真の複数性が実現していなければならない。アーレントが描くフランス革命では、貧困にあえぐ「人民」の、私的利害を主張する大合唱のみが聞こえてくる。また多数者の利益が「全体の利益」に置き換えられているところでも、公平さを欠く個別利害の濾過は期待しえない。またもし集団の構成員がある種の同質性を有しているときは、意見の多数性が単一性へと収斂してしまう可能性があるだけに、公共性にとっては危険である。たとえば国民国家（nation-state）は、アーレントによればもともと「住民の同質性と土地との強固な結びつき」[☆18]を基礎にしていたがゆえに、「国民」の意見と称するものが部分的性格を払拭しきれているかどうか定かではない。全体主義の経験は、一部の人間（たとえばユダヤ人）を犠牲にする犯罪行為のうえに国民そのものが大同団結をはかることが可能であり、それゆえに国民国家は必ずしも公的正義を保障するものではないことを明らかにした。この意味でも、カントの提唱する「世界市民」的なあり方は今日でも考慮されなければならない。さらには全員一致もまた、一部の意見にすぎないものの全体化に陥る危険がある。

共和制における公的領域は対等者のあいだでおこなわれる意見の交換によって構成されるものであり、この公的領域は、たまたますべての対等者が同一の意見をもったがために意見交換が無意味になったその瞬間に簡単に消滅するであろう。〔*OR*, p.93, 一三八〕

意見の一致や住民の「同意」は、公的領域の成立のためには有害でさえある。アメリカ革命が相対的な成功を収めたのは、「国民国家の決定的な原理である過去と起源の同質性」〔*OR*, p.174, 二六八〕を共有することなく、人びとが「その尊厳がまさにその複数性（**plurality**）に存するような、限りなく変化に富む複数者（**multitude**）」〔*OR*, p.93, 一三八〕として共同したからである。このような議論には、アーレントの反‐共同体的ともいえる思考が反映している。一定の住民の同質性が保たれている共同体は私的利害の共有に陥りやすく、それは彼女にとって――ここでアーレントはハーバーマスの対極にいる――まさに政治領域の消滅の危険を意味していた。むしろかかる「同質性」をうち破るもの、つまりまったき他者の存在が、真の公共性を到来させる条件となる。けだしただ異者のみが別の観点からちがう判断をもたらすことができ、この異なる意見の尊重のみが私的利害からの離脱を可能にするからである。

　これをつきつめれば、逆説的に聞こえるかもしれないが、いわゆる人びとの紐帯を断ち切るものこそが、人びとの公的な集まりを可能にすると言わねばならない。まったき他者とは、通常の自然的紐帯――土地、血、言語、記憶、民族、など、共通利害を形成する一切のもの――を共有することのない、未知の存在である。「共同」ならざるものがある種の〈共同体〉を成立せしめるということは背理ではない。ブランショはそうした「明かしえぬ共同体」を次のように記述している。「共同体（**communauté**）は〈主権〉（**Souveraineté**）の場ではない。それはみずからが外にさらされながら、さらし出すものである。それはみずからを排除する存在の外在性（extériorité）を内に含んでいる。この外在性を思考は統御することがない、たとえそれにさまざまな名前――死、他者との関係、あるいはまた、語る仕方に織り込まれておらず自己とのいかなる関係ももちえない言葉――を与えたとしてもである」[☆19]。アーレントが公共性の条件とした個別利害からの離脱は、社会的な結びつきを暫時のあいだにせよ断ち切ることであり、この結びつきをふりほどくことから出発して、公的領域における人間の共在が肯定されるのである。デリダもまた、この無縁と縁の決定不可能な関係に言及している。

「社会的な結びつき」と「社会的な結びほどき（déliaison）」とのあいだに――根本的な――対立は存在しない。関係を中断するある種の結びほどきは、「社会的な結びつき」の条件であり、あらゆる「共同体」の息づかいそのものである。そこには相互的な条件の結び目すらも存在しない、むしろそこにあるのは、どんな結び目でもそれが解きほどかれること、それが切断されたり中断されたりすることに開かれている可能性である。もしかしたらそこに開かれているかもしれないものは、仲間（socius）である、すなわち証言の経験の――つまりある信仰の――秘密としての他者への関係なのである。信念が差し向けの、そしてまったき他者への関係の媒体《エーテル》であるなら、それは、非-関係ないし絶対的な中断の経験そのもののなかにある。[20]

かくして共同体は脱構築される。関係の不在と見えるものは、関係の破棄ではなく、逆に関係が存在するための可能性の条件である。結び目が解きほぐせなくなるとき、人びとは呼吸できなくなり、関係そのものが窒息して死滅する。利害や関心の「中断」こそが、つまりまったき他者への関係という非-関係性が、人びとに共にあるための場を開くのである。

人びとが特定の利害から離れて行動すること——この公共論的転回が生じるためには、その場がまったき他者に開かれていなければならない。[21]アーレントの空間では、異者は排除されるどころか、むしろその現前が要請されている。まったき他者を歓待することは、公共性のための可能性の条件ですらある。だれのものでもないがゆえにあらゆる人のものである空間が真の公共性を獲得するためには、とりわけ部外者や異邦人に対して留保なしに開かれてあることが必要である。パーリアとして排除されがちな第三者を招き入れることができるかどうかが、公共性を他の人間集団から区別する試金石となる。かくしてアーレントの公共性は、国家や共同体につきまとう同意の強制や同質化への圧力、さらには排除の暴力を逃れているばかりか、歓待の倫理の問題へと根本的に通じているのである。

破局と公共性のパラドックス

公的領域の成立がかくも稀で持続困難なのは、人間が自己利害を優先させることが常態だからである。この点で人間の徳の力を過信はできないし、またするべきでもない。ユダヤ人絶滅収容所の生き残りたちは、極限状況にあって、人間がいかに振る舞うかを証言している。そこでばらばらに孤立し無力化された個人は、ぎりぎりの生存維持のために自己保存を試みている。他を犠牲にしてもまず自分の存在を確保するという「SSの論理」[☆22]は収容所全体に浸透しており、選別と軽蔑と不平等の原理のもとに、お互いを潜在的な敵としながら生き残るための闘いをくりひろげている。収容者の消滅を目的とするこの収容所では、人びとは奴隷以下の状態に貶められており、アーレントのいう政治領域からはもっとも遠く隔たったところにいる。

たとえば全体主義国家の強制収容所のように、暴力が絶対的に支配するところでは、法律だけでなく――フランス革命は「法は沈黙する」という表現を使った――、すべてのもの、すべての人が沈黙せざるをえない。暴力は政治的領域では周辺的現象であるというのは、この沈黙のゆえである。というのは人間は、政治的存在であるかぎり、言葉の力を与えられているからである。〔*OR*, pp.18-19, 一二〕

言論と行動を封じられたところに政治的領域は存立しえない。アーレントの用語でいえば、そこで人びとは生命過程の必然性に圧倒され、自由は切迫する必要の前に姿を消してしまう。だがしかし、極限状況ではしばしば価値が逆転する。人びとが死を覚悟したとき、つまり最大の利害として君臨する「自己」(**self-interest**)の価値を放棄したとき、逆説的とも言える形で連帯の可能性が出現してくることもある。☆23 アウシュヴィッツの焼却棟で働かされていたフィリップ・ミュラーは、「家族収容所」に収容された同郷のチェコ人家族らがガス室に入れられる場面に立ち会う。殺されることを理解した彼ら彼女らは、脱衣所でチェコの国歌や「希望《ハティクヴァ》」の歌を合唱する。それに心を動かされたミュラーは、一緒にガス室に入り、みなとともに命を絶とうとする。『ショアー』で彼は、その時の一人の女性の言葉を次のように伝えている。

「じゃあ、あんたも、死のうというのね?
でも、無意味よ。
あんたが死んだからといって、私たちの生命が生き返るわけじゃない。

意味のある行為じゃないわ。
ここから、出なけりゃだめよ、
私たちのなめた苦しみを、
私たちの受けた不正を……、
このことを、
証言してくれなければだめです。☆24

絶滅収容所でなおも生きつづけることの無意味を悟ったとき、ミュラーは殺されようとしている同郷の人びとと運命をともにしようとする。もしも公共性が私的利害からの離脱にもとづいているなら、ここには極北の公共性が出現しているといえないだろうか。さらにここで引用された女性の言は、彼がそれでも生きつづけること、「死なない」でいることが「私たち」のためになる有意味な行為であると説得する。自分一人だけでも生き残ることが全員のために要請される。エゴイズムと、その放棄によって成り立つはずの公共性が、逆説的に反転する。エゴの貫徹が不可能になるような状況では、自分だけが生き残る「エゴイズム」は逆に「みんなのため」という公的価値を持ちはじめる。

ナチスの強制収容所からの生還者ロベール・アンテルムもまた、自分が生き延びるための生存競争が公共的なものに転化する究極の可能性について語っている。収容所はまさにそこに収容されているものたちの消滅を目的につくられているため、生き延びることは収容所をつくった敵に対する闘いとなる。「死んではならない、ここにこそ闘いのほんとうの目的がある。なぜなら人が死ぬたびにそれはSSの勝利となるからである」[☆25]。だから野菜屑をあさって食べることは一つの抵抗であり、「レジスタンスの究極的な状況」[☆26]となる。たとえ囚人同士で食べ物を奪い合い、少しでも自分の欲求を満たそうと互いに争ったとしても、「生存のための食べ物への執着」はより高い価値の要請につながっているのであり、「生きるために闘いながら、人はあらゆる人間の価値を正当化するために闘っている」[☆27]。ジャン＝リュック・ナンシーもまた、まさにアンテルムのテクストに依拠しながら、収容所においてもなお、バタイユ的な〈共同体〉が全体主義に対する「抵抗」として存続し続けるとしている。「強制収容所では――しかも絶滅収容所、殲滅のための強制収容所では――その本質にあるのは、共同体を破壊しようとする意図である。しかしおそらくけっして、収容所内そのものにあっても、共同体がこの意図に対する抵抗を完全に止めてしまったことは一度もない。共同体は、ある意味で、抵抗そのものである、つまり内在性に対する抵抗なのだ」[☆28]。

食糧が圧倒的に不足している状況では、他人を差しおいても食べ物にありつかなければならない。だがこうした極限状況においても、倫理は存在する。人が獲得したものを横取りし盗みを働く者はろくでなしであり、みんなと分かち合うべきものを分かち合わないのは不正な行為である。カントの公表性の原理は収容所の暴力によって踏みにじられながらも、厳に存在する。そこでは一挙手一投足がことごとく倫理的意味を帯びてくる。各自の振る舞いはあくまで個人的なものでありながら、同時に連帯の行為となる。「われわれのうち一番優れたものであっても、ただ個人的な仕方でのみ闘うことができた。連帯することそのものが、個人的な事柄となったのだ」[☆29]。

エゴイズムが公的な行為となり、連帯があくまで個人的な仕方で遂行される。孤絶した生存への闘いのなかで人は連帯してある。この逆説をモーリス・ブランショもまたアンテルムのテクストに読みとっている。

アンテルムの経験とはこれ以上還元できないものへと還元されてしまった人間の経験であるが、そこでわれわれが出会うのは根源的な欲求（besoin）である。この欲求はわたしを、もはやわたし自身に、わたし自身の満足に結びつけるのではなく、欲求のレベルでの欠乏として生きられた純然たる人間の生存に関係させる。なるほどいまだ一種のエゴイズム、しかももっともすさまじいエゴイズムが問題なのだが、それはエゴなきエゴイズムであり、そこで人間は必死で生き延びようとし、おぞましいとも言うべき仕方で生きることに、生きつづけることに執着している。だがこの執着は非人称的な生への執着であり、この欲求はもはや自分自身のものではなく、空虚でいわばニュートラルな欲求、つまり潜在的にあらゆる人の欲求である。[30]

収容所において「SSの自己」によって完全に疎外されてしまった人間は、そのまったき「受動性[31]」のなかで「自己《エゴ》」を失ったまま、なお生に執着している。この「エゴなきエゴイズム」において、苦しみはわたし固有のものであることをやめ、「非人称的」で「潜在的にあらゆる人の」ものとなる。飢えのなかでパンを渇望するのは「わたし」という個人であるよりも万人であり、人間という種そのものなのである。かくして生への執着は「私的」な性格を失い、非人称的で「ニュートラル」なものへと接近する。飢えを満たそうという行為は自分一人に属しているのではなく、「われわれ」みんなのものであり、この「われわれ」のなかには列車での移動中に絶命した仲間の死者も含まれる。「フランス人たちはむさぼり食っているが、貨車のなかで飢えで死んだ連中の名においてもまた、そうしているのである[32]」。一人ひとりの食物確保の行為に、死者を含む「みんな」が参加している。エゴイズムという私的利害の追求は、この極限状況において、だれのものでもなく、したがって「万人」に妥当する「公的」なものへと転化する。いわば、逆さまの「公的領域」がそこに出現するのである。

この極限状況における〈公共性〉は、アンテルムにおいては、「人間」という「種」が最後に肯定されることとして現れている。SSの論理が「こいつらはわれわれのような人間ではない[33]」"Ce ne sont pas des gens comme nous." という差別の上に成り立っているとしても、迫害者と犠牲者が人間という種に共属することを否定はできない。

SSとわれわれのあいだに〔……〕、自然を前にし死を前にしては、いかなる実質的な違いも認めることができないならば、われわれはただ一つの人間種しか存在しないと言わざるをえない。この単一性を世界のなかで覆い隠すものすべて、存在を搾取され隷属させられる立場に置くことで人間にはいくつかの変種があるなどと想定するものすべては、間違っており狂っているのだ。それにわれわれはここにその証拠を、しかも反論しようもないような証拠を握っている。というのも、最悪の犠牲者であっても次のことを認めるしかないからである。すなわち迫害者の力といえども人間の力の一つ、つまり人殺しの力でしかないのだ。人を殺すことはできるが、人を人間とは別のものに変えることはできないのだ。[☆34]

破局のなかで、人間たちはただ人間であるという最低限の属性へと還元されていく。そこでは、死刑執行人と犠牲者という対立を超え、あらゆる差別化の論理を超えて、人間種への共属という無差別的な同等性がむき出しになる。すべての人間は、収容所内でも、世界市民であるほかはない。それは差別や排除の論理が失効する極北の地点である。そこにおいては、あらゆるものが反転する。

ナチス「国家」やそれを代理する「公」の人間たちが、無残なまでに「私的」な自他の区別の論理で動く一方で、無力化され脱主体化された人間が、みずからの身体という最後に残された私的領域を生きるなかで、根源的に公的な性格を帯びるようになる。公は私へ、私は公へ反転する。すべてをはぎ取られ、「私性」さえも失った人間たちの、逆説的な公共性——強制収容所の暴力がおのれの意に反して出現させたのは、このような人間の共在の可能性にほかならない。

人びとが特定の利害から離れて行動する領域としての公共性の定義を厳密に適用するならば、一定の経済水準に達した集団のみならず、私的利害を中断するカタストロフィーが生じた場面や革命的状況においても、また全体主義国家の強制収容所においてすら、なお公共性を語ることができる。われわれはアーレントの公共性概念に忠実でありながら、それをより徹底した形で適用し、潜在的にあらゆる場面で公共性を立ち上げることができると考えた。まさしく「活動と言論は、それに参加する人びとのあいだに空間を創るのであり、その空間は、ほとんどいかなる時いかなる場にもそれにふさわしい場所を創りだすことができる」[*HC*, p.198, 三二〇]からである。ユダヤ人絶滅収容所のような全面的隷属においてすら、いやまさにそうした条件においてこそ、公的な振る舞いと正義の実現が問題にされなければならない。最悪の条件においてなお利害関係を中断する可能性が与えられないかぎり、全体主義国家の論理——私的利害の追求の果てに道がそこに通じていないとだれが言えよう――を根本的に批判することは困難だからである。

理想化された共和制と強制収容所の現実――自由と隷属の極にあるこの二つのものは、私的利害を超えた人間の相互現前という、同じ公共性の可能性の表と裏である。そして最低限の生活の保障が公共性の必須事項（sine qua non）ではないならば、どのような過酷な生存条件のもとにあろうと、人間相互のあらゆる関係に公的領域は開かれていることになる。予期せぬ出来事として、公共性が不意に顔をのぞかせる。その到来は、関心＝利害のネットワークが中断され、一切の「企て」が停止する稀な瞬間である。ブランショが描き出す一九六八年の五月革命の姿は、アーレントの公共性が現代においてなお、完全に失われたものではないことを雄弁に語ってはいないだろうか。

> 六八年五月は次のことを示した。なんの企ても、なんの結託もなしに、幸福な出会いの唐突さのなか、社会で認可され予期された形式をくつがえす祝祭のごとく、爆発的なコミュニケーションが肯定されたのだ。それが開かれることによって、各人が、階級や性や教養の区別なしに、出会っただれとでも、もう愛し合っている人のように、まさしく相手が見知らぬ－身近な人であるがゆえに、付き合うことができた。
>
> 「企てなしに」（sans projet）、これこそは、不安をかきたてつつも運まかせの、ある比類のない社会形態の特徴であった。この人の集まりは把握されることもなく、存続を求められる

ともなく、たとえ無数の「委員会」が無秩序な命令を下したりあいまいな専門化を装ったりしたとしても、確立が呼びかけられることもなかった。「伝統的な革命」とは反対に、権力を奪取してそれを別の権力に置き換えることだけが問題だったのでもなく、バスチーユを、パレ・ディヴェールを、エリゼ宮を、国民議会を占拠することでもなかった。そうした目標は重要ではなかったし、旧世界を転覆することさえねらいではなかった。問題は、一切の有用な利害関心から離れて（en dehors de tout intérêt utilitaire）、共に在る可能性が姿をあらわすがままにすることだった。この可能性からみんなは、各人を高揚させる言葉の自由による同胞愛のなかで平等である権利を受け取った。一人ひとりが言うべきことをもち、また時には（壁の上に）書くべきことをもっていた。どんなことを？　それはさほど重要ではなかった。〈言うこと〉が言われることを凌いでいた。ポエジーが日常であった。なんの抑制もなく現れたという意味での「自発的」コミュニケーションは、それ自身との、透明で内在的なコミュニケーションにほかならなかった。なるほど争いや討論や確執がありはしたが、そこで表現されていたのは、打算的な知性というよりもむしろ、ほとんど純粋な（いずれにせよ軽蔑を含むことのない、高いも低いもない）沸騰であった、――であるがゆえに人は次のことを予感することができたのである、権威が転覆ないしは無視されたあと、そこに公然と表明されたのが、いかなるイデオロギーもそれを回収したり自分のものとして要求したりはできないような、これまで一度も体験されたことのないコミュニズムのあり方であると。
［……］
この無邪気な現前、「共通の現前」（ルネ・シャール）は、おのれの限界を知らず、なにものをも排除しないという拒否によって政治的であり、そのままでありながら無媒介的–普遍的であることを意識し、不可能なものを唯一の挑戦として掲げていたが、決まった政治的意図を持っておらず、またそうであるがゆえに、公の制度側からのどんな襲撃にも見舞われることになり、それに対する反発を自分に禁じたのであった。この反発の不在こそは［……］、おそらく容易に阻止したり闘ったりできたはずの敵対する動きの現れを、助長してしまったのである。すべてが受け入れられた。敵を敵として認知することも、ある特定の敵対物を書き出しておくことも不可能であり、それゆえに生き生きとはしていたものの、結末を早めることになったのである。そもそも、この結末はなににも決着をつける必要がなかったのだ、出来事さえ生じたあかつきには。出来事だって？　はたして、それは生じたのだろうか？[☆35]
「企ての不在」によって特徴づけられる人間の共在は、それに敵対するものから自分の身を守る術もなく、いかなるものも、おのれの敵をも排除することなく、つかのま明滅して消滅する。この「出来事」がはたして出現したかどうか、定かではない。ブランショによるこの〈共同体〉の理想化された記述――「祝祭」「透明で内在的なコミュニケーション」「無邪気な現前」――は、最後の疑問符「はたして、それは生じたのだろうか?」によって、アイロニカルに弱められていることに注意しよう。とはいえ、この出来事の記憶は公共性を、この不可能性に刻印された〈共同体〉[☆36]を、いまなお思考するべくわれわれに呼びかける。この呼びかけのなかで公共領域の可能性を論じることとは、個人的なものにせよ集団的なものにせよ、エゴイズムに圧倒されることのない人間関係の可能性、そしてありうべき公平性を模索することにほかならない。国家や共同体とは一線を画して、公共圏が論じられるべきなのはこうした理由によるのである。

最後に引用したブランショのテクストは、当然ながら、共同体の礼賛として読まれるべきではない。むしろそれは、共同体なき〈共同体〉の記述であり、共同体の脱構築と呼ぶべきものである。バタイユや、それを読むナンシーもまた、互いに共出現する複数の他者のあり方を〈共同体〉と呼びつつ、まさに共同体なるものの脱構築をおこなった。脱構築は、あらゆる主体化の根本にある脱主体化を明らかにする作業である。それは自己へと収斂する運動そのもののなかに、他者への送り返しを、すなわち自己への収斂を不可能にするものを書き込む思考である。その批判は共同体にも及び、人びとの集まりのなかに、結集する力よりもむしろ、他者へと開く力を見いだしていく。他者を自己固有化しようとする動きは、同時に自己を他者へとゆだね、よって自己を脱固有化する動きと相即である。この思考においては、私と公は、根源的な決定不可能性におかれている。

くりかえすが、アーレントの公共性もまた共同体の批判として存在する。利害の紐帯を断ち切ったところに成立する公共領域では、自己が、そして自己中心的に組織されていた一切のものが、他者に——それも複数の、まったき他者に——送り返されてしまう。自己の意味は、それらの他者に撒種されてあり、それを再び自己固有化する術はない。ここにもラディカルな脱主体化がある。であるがゆえに、「公共性」を、カタストロフィーのただ中にあっても、たとえばアウシュヴィッツという極限的な脱主体化の場においてもなお、主題として語ることができるのである。しかしそれは、究極のエゴイズムが最後にだれものでもない、みんなのものに転じる形で、もっとも私的な領域が極北の公共性へと転回する過程で生じるものであった。公共性がまったく閉ざされたかに見える破局的状況で、極私的な世界の破壊は、原公共性へとなお転回するチャンスを残している。私性が公共性へと反転するこの地点において、破局における公共性は、ナンシーやブランショ、さらにはデリダがおこなおうとしている共同体の脱構築と、根源的に一致するのである。

「この地上に正義はない、あるのはただ陰謀と……悪徳の沼地だけ……」[☆37]——セリーヌが第二次世界大戦後に記したこのつぶやきは、あらゆる超越的価値が崩落し、それに代わるべき共同体構築が次々に頓挫したわれわれの時代のものである。人はいくつもの破局をくぐり抜け、崩れた共同体の廃墟の中を生きている。もしや、われわれが唯一共有しているのが共同体の破局そのものだとすればならない。この破局の中にこそ「共に在る」ことの倫理を探しに行かなければならない。すでに引用したアーレントの言葉は、それが不可能ではないことの証言として残っている——「活動と言論は、それに参加する人びとのあいだに空間を創るのであり、その空間は、ほとんどいかなる時いかなる場にもそれにふさわしい場所を創りだすことができる。」

註

I

☆1　Jacques Derrida,《Préjugés》, in *La faculté de juger*, Minuit. 1985, p.94〔『どのように判断するか』宇田川博訳、国文社、一五四〜一五五頁〕
☆2　*Ibid.*, p.93〔同書、一五四頁〕
☆3　*Ibid.*, pp.95-96〔同書、一五八頁〕
☆4　*Ibid.*, p.96〔同書、一五九頁〕
☆5　*Ibid*〔同書、同頁〕
☆6　*Ibid.*, p.97〔同書、一六一頁〕
☆7　Hannah Arendt,《The crisis in Culture》, in *Between Past and Future*, Penguin Books, 1968, p.221〔H・アーレント『過去と未来の間』引田隆也・斎藤純一訳、みすず書房、二九九頁〕

☆8 Jacques Derrida, *Force de loi*, Galilée, 1994［ジャック・デリダ『法の力』堅田研一訳、法政大学出版局］。邦訳を適宜参照させていただいたが、以下、本書からの引用はすべて拙訳であり、第I章においては本文中に原著ページ（算用数字）、邦訳ページ（漢数字）のみを示す。

☆9 ハイデガーもまた、『真理の本質について』［細川亮一訳、『ハイデッガー全集』第34巻、創文社、四〇〜四一頁］のある注のなかで、「正しい」（orthos）とは、つまり rectus／Recht とは、「真っ直ぐに－向かう、単刀直入に、回り道なしに」を意味すると指摘している。

☆10 またデリダのベンヤミン読解は、こうした二重の問いかけの見事な成果となっていることを、後にわれわれは確認することになるだろう。

☆11 別のテクストで、デリダは「すぐ直接じかに」問題をあつかおうとする性急さに対して、次のように述べている。「ある者たちはいつも待ちきれずに、直接－事物それ自体に－向かい－みなに－提起されている－切迫した－重要な－問題の－真の－内容に－まっすぐ－待つことなく－到達しようとする、等々。［……］むろんこうした待ちきれなさは分からぬでもないが、しかしわたしの場合は、次のように考えることにしている。そういう思いにすぐ身を委ねてもなにも得ることはないのみならず、こうした誘いには、歴史や利害や一種の批判不足にして偽善的（*hypocritique*）な構造があるのであって、迂回や分析の時間を費やしてもいいから、そのことを認めることから始める方がよいのだ、と。」Jacques Derrida, *Du droit à la philosophie*, Galilée, 1990, pp.14-15.

☆12 他のテクストでも、デリダは同様の強調符つきの断定をおこなっている。「倫理は歓待である」(Jacques Derrida, *Cosmopolites de tous les pays, encore un effort !*, Galilée, 1997, p.42［「万国の世界市民たち、もう一努力だ!」港道隆訳、『世界』、一九九六年一一月号所収、岩波書店〕)。

☆13 デリダは自分が論じている当の事柄を、みずから演じている。こうした「反復」について、デリダが無自覚だったなどと言うことはむろんできない。「神秘的なもの」について述べた直後に、「わたしがここで言ったりしたりしていることに対して――あるいはそれに反して――いかなる制度の起源においても生じているとわたしが言う当のものを逆に適用することは、つねに可能だろう」(33, 三二)と彼は言う。もう一度くりかえすが、こうした反復ないし転移の是非が問題なのではなく、それがはたして完全に統御可能なものかどうか、が問われているのである。

☆14 ここでカフカの門番の言葉をもう一度かみしめる必要があるかもしれない。「それほど心を惹かれるなら、わしの禁止に構わずに入ってみるがいい。だが、わしが力を持っているということは憶えておくことだ。しかもわしは一番下っ端の門番にすぎない。広間のあるごとに門番がいて、その力はどんどん大きくなっていく。三番目の門番の顔を見ることさえ、わしには耐え難いほどなのだぞ。」〔「律法の門前」『カフカ全集』第一巻、川村二郎・円子修平訳、新潮社、一〇四~一〇五頁〕

☆15 Walter Benjamin,《Zur Kritik der Gewalt》, in *Gesammelte Schriften*, 11. 1 Bd IV, Suhrkamp, 1977, p.198〔「暴力批判論」野村修訳、『ヴァルター・ベンヤミン著作集』第一巻、晶文社、三一頁〕。以下、本書からの引用は、本文中に、*ZKG* と記し、原著・翻訳の順でページ数のみを示す。

☆16 Philippe Lacoue-Labarthe et Jean-Luc Nancy, "Le "retrait" du politique", in *Le retrait du politique*, Galilée, 1983, p.188. むろんこの表現は、サルトルの「われわれの時代の乗り越え不可能な地平はマルクス主義である」という言い方に由来している。

☆17 Jacques Derrida, "Préjugés", *op.cit.*, p.95.

☆18 Hannah Arendt, *Between Past and Future, op.cit.*, p.235［H・アーレント『過去と未来の間』、前掲書、三一八頁］

☆19 *Ibid.*, p.246［同書、三三四頁］

☆20 *Ibid.*, p.235［同書、三一八頁］

☆21 「審判」『カフカ全集5』中野孝次訳、新潮社、一八三頁。

☆22 Hannah Arendt,《On violence》, in *Crises of the Republic*, A Harvest Book, 1969, pp.193-194.［H・アーレント『暴力について』高野フミ訳、みすず書房、一七七頁］

☆23 Hannah Arendt, *On Revolution*, Penguin Books, 1963, p.189［H・アレント『革命について』志水速雄訳、ちくま学芸文庫、三〇四〜三〇五頁］

☆24 *Ibid.*, p.186［同書、三〇〇頁］

☆25 ベンヤミンを引用しておこう。「つまり法的協定は、当事者たちによってどんなに平穏に結ばれようとも、けっきょくは暴力の可能性につながっている。というわけは、相手が協定を破るばあいは、なんらかの暴力を相手に対して用いる権利を、双方がもつからだ。そればかりではない。協定の結末とひとしく起源も、暴力をさししめしている。法措定の暴力が、協定のなかに直接に顔を出すまでもなく、そこには暴力の代理人がいる——法的協定を保証する権力が。この権力は、まさに暴力によって協定の内部に腰を据えたのではないばあいでも、もともと暴力的な起源をもっている」［ZKG, p.190, 二一〜二二］。この部分をデリダは次のようにまとめる。「要するに、その起源においても結果においても、その創設においてもその維持においても、法は暴力と、それが直接的なものであれ媒介されたものであれ、現前していようが代理されていようが、不可分だということである」（*Force de loi, op.cit.*, p.115［『法の力』、前掲書、一四九頁］）。

☆26 Hannah Arendt, *On Violence, op.cit.*, p.142-143［『暴力について』、前掲書、一二七頁］

☆27 *Ibid*., p.151〔同書、一三五頁〕
☆28 *Ibid*., p.152〔同書、一三五頁〕
☆29 *Ibid*., p.155〔同書、一三八頁〕
☆30 Hannah Arendt, *On Revolution, op.cit*., p.20〔『革命について』、前掲書、二四頁〕
☆31 *Ibid*., p.93〔同書、一三八頁〕
☆32 *Ibid*., p.186〔同書、三〇一頁〕
☆33 *Ibid*., p.181〔同書、二九四頁〕
☆34 高橋哲哉「赦しと約束――アーレントの〈活動〉をめぐって」、『哲学』第49号、一九九八、九四頁。
☆35 Hannah Arendt, *On Revolution, op.cit*., p.166〔『革命について』、前掲書、二五七頁〕
☆36 *Ibid*., p.189〔同書、三〇四頁〕
☆37 アーレント自身が、未来の混沌とした不確かさ、つまり予言不可能性に対する救済策として、つまり「不確実性の大海のなかの小島」(Hannah Arendt, *The Human Condition*, The University of Chicago Press, 1958, p.237〔H・アレント『人間の条件』志水速雄訳、ちくま学芸文庫、三七一頁〕として、まさに絶対的な基盤とはならないものとして、約束を表現している。
☆38 Immanuel Kant, *Grundlegung zur Metaphysik der Sitten, Kants Schriften*, Bd. IV, Gerstenberg, p.258〔『人倫の形而上学の基礎づけ』平田俊博訳『カント全集』第七巻、岩波書店、三五頁〕
☆39 Hannah Arendt, *Lectures on Kant's Political Philosophy*, The University of Chicago Press, 1992, pp.17-18〔H・アーレント著/R・ベイナー編『カント政治哲学の講義』浜田義文監訳、法政大学出版局、二〇頁〕

☆40 Immanuel Kant, *Zum evigen Frieden*, Anhang II, *Kants Werke*, BD. VI, Gerstenberg, p.468［I・カント『永遠平和のために』付録二、宇都宮芳明訳、岩波文庫、一〇〇頁］

☆41 *Ibid.*, p.469［同書、一〇一頁］

☆42 *Ibid*［同書、一一〇頁］むろんこのことはすべてが「実際に」公表され、公開で議論されなければ判断できないということを意味しない。必要不可欠なのは公表「可能性」であり、ペンの自由である。さらにカントにおいて——そしてこの点においてはアーレントもカントに従っているようだが——あらゆる他者の立場を顧慮する能力としての「共通感覚」は、たった一人の人間の思考においても公表性の超越論的原理を働かせる可能性を確保してくれるものなのである。

☆43 カントは公法の超越論的原理を先にあげたものとは若干形式を変えて次のようにも定式化している。「（その目的をのがさないために）公表性を必要とするすべての格率は、法と政治の双方に合致する」［同書］。カントによる「公衆」の制限については、デリダが批判的に論じている。「それらはまさに到来するものたち（arrivants）だが、しかしそれはすでに規定された国において、またその住民が自国にいると知っており、そう信じているような国においてである（それこそが、カントによれば、公法を規制するべきものとなる［……］）（Jacques Derrida, Apories, in *Le passage des frontières*, Galilée, 1994, p.321［『アポリア』港道隆訳、人文書院、七二～七三頁］。また、Jacques Derrida, *Cosmopolites de tous les pays, encore un effort !*, *op.cit.*, pp.50-56［「万国の世界市民たち、もう一努力だ！」、前掲書］を参照。

☆44 Immanuel Kant, *Zum evigen Frieden*, *op.cit.*, p.468［『永遠平和のために』、前掲書、九九頁］

☆45 *Ibid.*, p.469［同書、一〇一頁］

☆46 私的利害貫徹の論理をアーレントは次のように要約する。「私のシャツは私の体に近いが、それよりも近いのが私の皮膚である」(*On Violence, op.cit.*, p.175〔『暴力について』、前掲書、一五七頁〕)

☆47 アーレントがカントを引用する際に"allgemein"を"universal"〔普遍的〕ではなく、しばしば"general"〔一般的〕によって翻訳していることは注目に値する。政治的判断力の領域では、時空を超えて妥当する抽象的普遍性よりもむしろ、ある公的空間に参加しているかぎりでの人間相互の一般的な振る舞いが、そしてその政治的妥当性が問題となる。

☆48 しばしば取りあげられるカントの「共通感覚」は、この公表性の原理を一主観内で構想力の助けによって適用することにほかならないが、それが結局他者の複数性を主観が再自己固有化することにならない保証はない。

☆49 「アーレントに第三批判を再発見させたのが、意見や複数性や相互存在に結びつけられた意味を認めようとする意図だったとすれば、まさにこの同じ動機がアーレントをして、まったくの理性存在に結びつくわが内なる法の存在にもとづく道徳を放棄させたのである。」(Anne Amiel, *La non-philosophie de Hannah Arendt*, PUF, 2001, p.228.)

☆50 Hannah Arendt, *Eichmann in Jerusalem*, Penguin Books, 1963, p.136〔H・アーレント『イェルサレムのアイヒマン』大久保和郎訳、みすず書房、一〇七〜一〇八頁〕

☆51 「格率(Maxime)」とは個人が信奉する主体的な行為規則を意味し、格律、信条などと訳される。ここで言われている定言命法を、カントは次のように定式化している。「君の意志の格率が、つねに同時に普遍的立法の原理として通用することができるように行動しなさい」(I・カント『実践理性批判』第一部第一編第一章第七節「純粋実践理性の根本法則」)。

☆52 Hannah Arendt, *Eichmann in Jerusalem, op.cit.*, p.279〔『イェルサレムのアイヒマン』、前掲書、二一五頁〕

☆53 高橋哲哉『戦後責任論』講談社、一九九九。

☆54 Hannah Arendt, *On Violence, op.cit.*, p.193〔『暴力について』、前掲書、一七六頁〕

II

☆1 Cf. Jean-Luc Nancy, *La communauté désœuvrée*, Christian Bourgeois, 1986〔ジャン＝リュック・ナンシー『無為の共同体』西谷修・安原伸一朗訳、以文社〕

☆2 たとえば、高橋哲哉「《闇の奥》の記憶」『記憶のエチカ』岩波書店、を参照されたい。

☆3 Hannah Arendt, The Crisis in Culture, in *Between Past and Future*, Penguin Books, 1968, pp.220-221.（以下での本書からの引用は、*BPF* と略記）〔H・アーレント『過去と未来の間』、前掲書、二九八〜二九九頁〕

☆4 よく知られているように、アーレントは人間の生活を《labor》、《work》、《action》へと分類したが、この区分もまた私的利害からの切断の操作によって説明できる。laber は生活の必要を満たし消費をおこなう行動であり、私的利害や満足をもっぱら追求するものである。work は持続的な作品を残すという意味で単なる生活欲求の充足や消費とは一線を画するが、目的と手段の連関のなかで道具を制作するという点で、一つの企てにとどまり、なお有用性の理念に従っている。「仕事」目的のための手段にいまだとどまり、その意味で「利害＝関心」に導かれた行動であり続ける。最後の action にいたってはじめて、人間の行動は私的な利害から離脱し、いかなる関心や実利的な目的にもとづかない「公的」で真に「政治的なもの」となる。「政治的領域」の中枢におかれた「活動」のカテゴリーもまた、こうして「私的利害の切断」によって規定されている。

☆5 Hannah Arendt, *The Human Condition*, The University of Chicago Press, 1958, pp.179-180［H・アレント『人間の条件』志水速雄訳、ちくま学芸文庫、二九一～二九二頁］。以下、本書からの引用は、*HC* と略記し、本文中に原書ページ数、翻訳頁のみを記す。

☆6 Immanuel Kant, *Grundlegung zur Metaphysik der Sitten*, *op.cit.*, p.255［『人倫の形而上学の基礎づけ』平田俊博訳『カント全集』第七巻、岩波書店、二二一頁］

☆7 ジャン＝リュック・ナンシーの描き出す「無為の共同体」においても、「私はまずはじめに他者にさらされてあり、他者が外にさらされてあることにさらされている」のであり、かくして「共同体の存在とはもろもろの特異性が外にさらされてあること（l'exposition）である」(Jean-Luc Nancy, *La communauté désœuvrée*, *op.cit.*, p. 77, p.76［ジャン＝リュック・ナンシー『無為の共同体』、前掲書、五六頁］)。

☆8 とはいえ、この問題に着目したものがいくつか存在する。その一つにボニー・ホーニッグのアーレント研究を挙げておこう。「アーレントの行為者はけっして自己主権的（self-sovereign）ではない」(Bonnie Honig, *Political Theory and the Displacement of Politics*, Cornell University Press, 1993, p.80)。また、「活動はその作者と縁を切り、作者の権威化を凌駕して、コンテクストを攪乱し、主意主義的な解釈やコントロールに抵抗し、それがもたらすかもしれない結果において際限がなく、動機や目的の規定から切り離されている」(*Ibid.*, p.95)。さらに、古賀徹「あらわれの暴力――アレントの複数性をめぐって」（『ハンナ・アーレントを読む』情況出版、二〇〇一年）も参照されたい。

☆9 Hannah Arendt, *Lectures on Kant's Political Philosophy*, *op.cit.*, p.54［『カント政治哲学の講義』前掲書、第九講、八一頁］

☆10　ベイナーのコメントから、問題となる箇所の一部を引用しておこう。「一方でアーレントは判断力を活動的生活へと統合しようとする。というのもアーレントは判断力を、共通の熟慮に従事するあいだに公共的に意見をやりとりする、政治的行為者の代表的思考と拡大された心性の機能としてみるからである。他方でアーレントは、美的判断力と同様、回想的に機能する判断力の観想的で没利害的な次元を強調しようとする。後者の意味での判断力はもっぱら精神生活の領域内に位置づけられる。アーレントはこの緊張を破棄し、後者の判断力の着想を全面的に選択することによって、最終的解決（final resolution）をなし遂げる。しかしそれは、判断力の修正された概念の内で、活動的生活への一切の関わりを締め出すという犠牲を払ってえられた、無理な整合性である」(*Ibid.*, p.139［同書、二二〇頁］)。

☆11　*Ibid.*, p.63［同書、九五頁］

☆12　高橋哲哉『記憶のエチカ』、前掲書、六一頁。

☆13　この問題については、本書最終章「カタストロフィーのなかの公共性」を参照されたい。

☆14　Hannah Arendt, *Lectures on Kant's Political Philosophy*, *op.cit.*, pp.42-43［『カント政治哲学の講義』、前掲書、六一頁］

☆15　齋藤純一、「表象の政治／現われの政治」『現代思想』、一九九七年七月号、青土社、一六三頁。

☆16　Immanuel Kant, *Zum evigen Frieden*, *op.cit*［I・カント『永遠平和のために』、前掲書、付録二］

☆17　「あるところのものはすべて現れねばならず、なにものもそれ自体の形をもたずに現れることはできない。それゆえ実際にはなんらかの仕方でその機能的有用性を超越しない物はなく、その超越、つまりその美しさ醜さは、公的に現れそこで見られることに一致する。同様にあらゆる物は、そのたんなる世界における存在において、いったん完成されてしまえば、純然たる道具性の領域を超越する。」[*HC*, p.173, 二七一〜二七二]

☆18 Martin Heidegger, *Nietzsche : Der Wille zur Macht als Kunst*, Gesamtausgabe, II. Abteilung : Vorlesungen 1923-1976, Band 43, p.126 [M・ハイデッガー『ニーチェ、芸術としての力への意志』薗田宗人訳、『ハイデッガー全集』第43巻、創文社、二二五〜二二六頁]

☆19 *Ibid.*, p.128 [同書、二二七頁]

☆20 *Ibid.*, p.127 [同書、二二六頁]

☆21 Cf. Philippe Lacoue-Labarthe, "La vérité sublime", in *Du sublime*, Belin, 1988 [Ph・ラクー＝ラバルト「崇高なる真理」『崇高とは何か』所収、梅木達郎訳、法政大学出版局]

☆22 アーレントにおけるカントとハイデガーの位置づけは、微妙な問題である。ラクー＝ラバルトは『どのように判断するか』で、アーレントがハイデガー的な芸術作品についての根源的な問いに向かうことなく、主観主義から一歩も出ないカントの美学へとむしろ後退している、と述べる。「ここには〈崇高〉は存在しないし、〈美的経験〉も存在しない。ましてや、ハイデガーが言わんとする意味での芸術作品――すなわち彼がそれを規定する際に、美学ないしは芸術哲学のおなじみのあらゆるカテゴリーから引き離そうとしている芸術作品――は、ここにはない。こうしたすべてのことにもしハイデガー的なものがあったとしても、それはただちにカントによって覆い隠されてしまう。しかもカントと言っても、結局それは主観主義的な判断力解釈に還元されたカントである」(Philippe Lacoue-Labarthe, "Où en étions-nous ?", in *La faculté de juger*, Minuit, 1985, p.171, [『どのように判断するか』宇田川博訳、国文社、二七八頁])。たしかにアーレントは「芸術作品」を「制作」あるいは「仕事」としてとらえ、その意味でプラトン的な美の理解――「エイドスとイデアとの一致」[*HC*, p.173, 二七二] を一歩も出ていない。しかしながら、アーレントにとって、芸術は目的と手段の連関のなかでなされる「制作」の一つでしかなく、真の存在の暴露は仕事の次にくる〈活動〉のなかではじめて可能になる。この活動、そしてその場である光り輝く公共空間を描くアーレントのテクスト――たとえば先の引用部分――に、ラクー゠ラバルトがハイデガーのなかに読みこむ〈崇高〉が「存在しない」などと言い切ることはわたしにはできない。そもそもラクー゠ラバルトによれば、ハイデガーはカントの美学を、プラトンからヘーゲルによって完成する美学の囲いこみのなかに取りこまれてしまうものとしてみると同時に、またこの「囲いこみ」を突破し、美についての「非エイドス的」な理解を告げるものとしてもとらえていた。カント美学にそうした側面が存在する以上、それを読むアーレントが、たんなるプラトン的美の理解にとどまっていたと断言はできない。むしろアーレントにおいては、カントとハイデガーが対等に対話を繰りひろげていると考えるべきであり、ハイデガーの「崇高なる真理」が民族の歴運的使命とは別の仕方で――つまりカントの世界市民的な仕方で――政治的に捉えかえされる試みがおこなわれていることが評価されねばならないのである。

☆23 Martin Heidegger, *Sein und Zeit*, Max Niemeyer Verlag, Tübingen, 1986, p.262［M・ハイデガー『存在と時間』細谷貞雄訳、理想社、下巻、五八頁］

☆24 *Ibid*［同書、下巻、五八頁］

☆25 *Ibid.*, p.264［同書、下巻、六一頁］

☆26 *Ibid.*, p.189［同書、上巻、三一三頁］

☆27 その「世間」とは、存在の開示よりもむしろ隠蔽の場であり、そこに非自立的で非本来的な様相において存在する日常的な自己が埋没する。「疎隔性、平均性、均等化は、世間の存在様相として、すでに「公開性」として知られているものを構成する。これは、世界と現存在についてのあらゆる解釈をさしあたって統制し、すべての点でその言い分を通す。しかもそれは、物事に対する格別の原義的な存在関係に立っているからではなく、現存在について明確に身につけた透察を自在に発揮しうるからではなく、むしろその反対に、「事象そのものへ」立ち入ることなく、ものごとの水準や真価の差にまったく無感覚であることによるのである。公開性はすべてを曇らせ、しかもこうして蔽われたものを、なにか周知のもの、万人に供されたものと公称するのである。」［*Ibid.*, p.127〔同書、上巻、二二六頁〕］

☆28 それと同時に、ハイデガーの「世間」批判は、アーレントによって全体主義や大衆社会批判という形で受け継がれることになる。

☆29 世論もまた誤謬の可能性をはらんでいる。「世評（opinion）もまた正当でないことがありうる。それが傍観者による利害を離れた意見でなく、利害関係を持った市民による不公平で無批判的な意見である場合には、とりわけそうである。」（Hannah Arendt, ***Lectures on Kant's Political Philosophy, op.cit.*, p.49**［H・アーレント『カント政治哲学の講義』、前掲書、七二頁］）

☆30 この問題は、社会的なものの勃興による公的領域の後退として、アーレントによってすでに論じられていたものである。それに加えて、通常の利害から切断された場は、まさに日常的な経験から切り離されることによって、恣意的な操作をかえって受けやすくなるという問題を指摘しておくのは無駄ではあるまい。スポーツや芸術は、まさにその非日常性によって政治的な集団操作の格好の対象となる。こうした危険があるがために、アーレントは公共領域における真実の暴露のモチーフをあれほどまでに強調しなければならなかった。だがそれは、操作された「空間」と「公共空間」の境界画定がどれほど困難であるかを示すものでもある。

☆31 Bonnie Honig, *Political Theory and the Displacement of Politics, op.cit.*, pp.77-78.

☆32 Cf. *ibid.*, p.92.

☆33 たとえばホーニッグは、バトラーの仕事を「私的領域」におけるパフォーマティヴ性の分析であると捉えている。「私的領域における自明性に場所をもつパフォーマティヴィティの政治について、その可能性がジュディス・バトラーによって探求された。彼女はとくに性とジェンダーの構築そして制度化に焦点を当てた」(*ibid.*, p.123)。

☆34 Hannah Arendt, *The Origins of Totalitarianism*, A Harvest Book, 1973, p.297［H・アーレント『全体主義の起原2』大島通義・大島かおり訳、みすず書房、二八二頁］

III

☆1 Hannah Arendt, *On Revolution*, Penguin Books, 1963, p.201［H・アレント『革命について』志水速雄訳、ちくま学芸文庫、三二二頁］。以下、本書を *OR* と略記し、そこからの引用については、本文中に原文ページと邦訳頁のみを示す。

☆2 Bonnie Honig, *Political Theory and the Displacement of Politics, op.cit.*, p.104.

☆3 André Bazin, "Le western ou le cinéma américain par excellence", in *Qu'est-ce que le cinéma ?*, Cerf, 1987, p.218.

☆4 *Ibid.*, p.223.

☆5 セルジュ・ダネー「大人の芸術」梅本洋一訳、『カイエ・デュ・シネマ・ジャポン』

N°.29 XIII, p.58.

☆6 André Bazin, "Evolution du western", in *Qu'est-ce que le cinéma ?*, Cerf, 1987, p.231. 初出は *Cahiers du Cinéma*, décembre, 1955.

☆7 Sade, *Œuvres III*, Bibliothèque de la Pléiade, Gallimard, 1998, p.129［サド『閨房の哲学』佐藤晴夫訳、未知谷、一五二頁］

☆8 ピエール・クロソウスキー『わが隣人サド』豊崎光一訳、晶文社、七九頁。またラカンはサドの「格率」を次のように翻訳する。「わたしはおまえの身体を享受する権利がある、とだれもがわたしに言うことができる、だからこの権利をわたしは行使する、それも、わたしが満足を得たいと思う気ままな蹂躙において、わたしを止めるようないかなる限界もなしに」（Jacques Lacan, *Écrits*, Seuil, 1966, pp.768-769［ジャック・ラカン『エクリ』弘文堂］）。

☆9 Jacques Lacan, *Ibid.*, p.766.

☆10 ホークス映画において、専制君主的人物はむしろ例外に属する。「ホークス好みの集団は平等主義であるのが常なのだが、『ピラミッド』のそれは、はなはだしく不平等なものになっている。ホークス映画にしては珍しく、この作品では独裁者的なリーダーが主人公になっている。彼以外は忠実な従者か奴隷で、すべからく彼に屈従しており、困難な仕事を達成する方法は脅し、または力ずくのものしかなく、個性的な個々の貢献の価値は否定されている。」（トッド・マッカーシー『ハワード・ホークス』高橋千尋訳、フィルムアート社、六〇四頁）

☆11 同様の問題提起はホーニッグに見られる。Honig, *op.cit.*, p.109.

☆12 とはいえ、デリダにおいてこの「はじまり＝原理」はまた原理の不在であり崩壊であり、究極的な根拠の不在と不可能性でありつづける。デリダの『信と知』から引用しておこう。「パラドックスは次のものである。法の創設——法の法、制度の制度化、憲法の起源——は、それが根拠づけ、創始し、正統化するもの全体に属することのできない「遂行的な《パフォーマティヴ》」出来事である。かかる出来事は、それが開くであろうものの論理では正当化できない。それは決定不可能なもののなかでの他者の決定である。そうすると、理性はそこに、否定しようもない「権威の神秘的根拠」とモンテーニュやパスカルが呼んだものを認めざるをえない。そのような意味での神秘的なものは、信仰や［……］秘密を根拠に、つまり知に結びつける、あるいはまた、後に述べるように、「為すこと」としての学に［……］、つまり信やパフォーマティヴィティや科学技術的ないし遠隔－テクノロジー的パフォーマンスに結びつける。この根拠がみずからを崩壊させつつ根拠づけをおこなうところで、それがみずから根拠づける土地の下に逃れていくところで、かくして砂漠の中に失われつつ自分自身の痕跡や秘密の記憶さえ失う瞬間に、「宗教」がはじまり、また再開始せずにはいない。」Jacques Derrida, *Foi et savoir*, Seuil, 2000, p.32.

☆13 さらにはジェファーソンが「幸福の追求」（the pursuit of happiness）という紛らわしい言葉を挿入したことにおいて。Cf. *OR*, p.126.

☆14 同様の議論は「真理と政治」にも見られる。Cf. *BPF*, pp.246-247.

☆15 Jacques Derrida, *Otobiographies, L'enseignement de Nietzsche et la politique du nom propre*, Galilée, 1984, p.21［J・デリダ『他者の耳』浜名優美・庄田常勝訳、産業図書、但しこの邦訳書には、本書で取りあげているデリダの「独立宣言」を分析した当該部分は含まれていないので、以下、邦訳書名は省略する］

☆16 スピーチアクト理論の「創始者」であるオースチン自身が、彼の考察の出発点となった遂行的／事実確認的という対立を、最後の二つの講義で取り壊しにかかったことはよく知られている。一見事実を述べるだけに見える「陳述すること」が、たとえば警告したり、宣告したりすることとまったく同様に、発語内行為を遂行することであるということは確実である」(John Langshaw Austin, *How to do things with words*, Harvard University Press, 1962. p.134 [『言語と行為』坂本百大訳、大修館書店、二二三頁])。つまり陳述は発語内行為の一つの特殊なケースにすぎない。発語内行為のみの発言はなく、発語行為のみの発言もなく、それらは「まったくの抽象の産物であって、すべての真正な言語行為は同時にこの両者なのである」(*Ibid.*, p.147.) [同書、二四四頁]。

☆17 高橋哲哉『デリダ』講談社、一九九八、一九四〜二〇〇頁。

☆18 Jacques Derrida, *Otobiographies*, *op.cit.*, p.16.

☆19 *Ibid.*, p.19.

☆20 *Ibid.*, p.27.

☆21 フェニン/エヴァソン『西部劇——サイレントから七〇年代まで』高橋千尋訳、研究社、四〇頁。

☆22 セルジュ・ダネー「大人の芸術」、前掲論文、六一頁。

☆23 「ホークスは、とにかく自分の嫌いなシーンを取りあげて、その姿勢をひっくり返すか裏返しにすることにより、キーになるシーンを容易に創造することができた。」トッド・マッカーシー『ハワード・ホークス』前掲書、六二四頁。

☆24 H・ホークス『監督ハワード・ホークス[映画]を語る』梅本洋一訳、青土社、二四九〜二五〇頁。

☆25 Immanuel Kant, *Grundlegung zur Metaphysik der Sitten*, *op.cit.*, p.273 [I・カント『人倫の形而上学の基礎づけ』、前掲書、四六頁]

☆26 ジャック・リヴェット「ハワード・ホークスの天才」鈴木圭介訳、『ユリイカ』特集「ヌーヴェル・ヴァーグ30年」一九八九年、五三〜五四頁。

Ⅳ

☆1 「私たちは自分一人の利益を主張するときは、わがままと思われたくないという自制が働くが、自分が属している集団の利益になると、これは「みんなの利益」である、そのために貢献することはわがままではない、むしろ道義的責任であると信じる傾向があり、その利益を侵害するやつはけしからんと道徳的な義憤さえ感じてしまう。ところが、その帰属集団の利害というのは広い社会の中からみればごく小さな部分集団の特殊利害で、反公共的な特殊権益への固執であることが多い。しかし、その集団の個々のメンバーにとっては、それは私益を超えた公共性をもつように見える。私はそれを疑似公共性と呼んでいる。集団的エゴイズムは利己性の自覚がないだけに個人的エゴイズムよりも御し難い力を振るう」(井上達夫「法は人間を幸福にできるか?」『現代幸福論』東京大学出版会、1997、三五~三六頁)。

☆2 Hannah Arendt, *Between Past and Future, op.cit.*, p.26〔H・アーレント『過去と未来のあいだ』、前掲書、三三頁〕

☆3 周知のように、アーレントは政治的判断力を考えるにあたってカントの美的判断力をモデルとしたが、それはカントの判断力が「没利害性」によって規定されるものだったからである。カントの言う「趣味判断」とは「この世界が、その効用とかわれわれが生きていく上で世界にもつ利害関心から切り離して、どのように見られ聞かれるべきか、人々が今後世界のうちの何を見、何を聞くかを決定する」(*Ibid.*, p.222〔同書、「文化の危機」、三〇一頁〕)。こうした判断力は「政治的存在者としての人間の基本的な能力」(*Ibid.*, p.221〔同書、二九九頁〕)でもある。「判断力は「主観的で私的な条件」から解放されていなければならない［……］。判断力は私的な特性——私的生活における各人の視野をおのずから規定し、もっぱら私的に抱かれた意見であるかぎりでは正当であるとしても、しかし市場《アゴラ》に入るにはふさわしくなく、それゆえ公的領域においては一切妥当性をもたない——から解放されていなければならない。」（*Ibid.*, p.220［同書、二九八頁］）

☆4 ***Ibid.*, p.210**［同書、二八三〜二八四頁］

☆5 ***Ibid.*, p.154**［同書、「自由とは何か」、二〇八〜二〇九頁］

☆6 「しかし、繁栄それ自体の状況というよりは、たえざる急速な経済成長の状況、つまり間断なく増大してゆく私的領域の拡大——これはもちろん近代の状況であるが——という状況のなかでは、腐敗と堕落は公的権力よりは、むしろ私的利害からいっそう発生しやすいように思われる。」［*OR*, p.252, 四〇三頁］

☆7 「評議会は明らかに自由の空間であった」［*OR*, p.264, 四二〇頁］。

☆8 アーレントによれば、真に政治的経験が可能となるのは言論と活動が織りなす「出現の空間」においてであるが、「この空間はつねに存在するとはかぎらない。すべての人が行為と言葉の能力をもっているにもかかわらず、ほとんどの人たちはこの空間に住んではいない」。しかしまた、「出現の空間は、人々が言論と活動の様式をもって共生しているところでは、必ず生まれる」［*HC*, p.199, 三二〇〜三二一］。つまり、現実にはほとんど成立しないこの政治的領域は、潜在的にはいつどこでも出現可能である。

☆9 *op.cit.*, pp.3-4［『過去と未来の間』、前掲書、一〜三頁］

☆10 同様の指摘はホーニッグ前掲書においてもなされている。Cf. Bonnie Honig, *op.cit.*, p.122-123.

☆11 *op.cit.*, p.25［『過去と未来の間』、前掲書、三〇頁］

☆12 *Ibid.*, p.26［同書、三二頁］

☆13 Jean Genet, *L'Ennemi déclaré*, Gallimard, 1991, p.194［ジャン・ジュネ『公然の敵』］

☆14 Cf, *Ibid.*, p.382.

☆15 ジュネが「同胞愛」を感じたごく稀なケースが、エアポケットに揺れる飛行機のなかであったというのは興味深い。彼とともに乗り合わせたのは、ブラジルで黒人を搾取しながらプランテーションを経営しているヨーロッパ系白人植民者の子孫たちである。彼らとジュネは相容れない者同士でありながら、互いの出自や階級やイデオロギーの違いを失って、同じ生命の危険を共有している。ムバラクとの会話でジュネは次のようにうち明けている。「こちらのことや旅の目的にはなんの関心も示さないこの連中のことが、エアポケットに落ちこむたびに心配になったんだ。いいかい、地上だったら連中の畑を黒人労働者に何ヘクタールも耕させているということが、わたしを連中から遠ざけただろう。ところが空中で、太陽に焼かれている機体のなかでは、連中はただの臓器のずた袋で、それが真っ暗な飛行機の胴体のなかで縮こまっているだけだった。これきりだった、人間たちがわたしにとって同胞だった（fraternels）のは。もし飛行機が墜落して、わたしが命拾いしたとすれば、連中の魂の安らぎのために祈ってやったことだろう。［……］フランス語の「愛する」（aimer）という言葉ではちと強すぎる。エアポケットに入った飛行機だけがわれわれの宇宙だった。下界にいるおまえさんたちは、われわれにとっちゃまあ生き残りか死者ってとこで、飛行機のプロペラほどの存在感もなかった。われわれはわれわれの宇宙でなんとかするしかなかった。黒んぼを働かせている何ヘクタールもの農園主からわたしを隔てるはずのものはすべて、雲散霧消していた。鋼鉄の胴体の中、連中はわたしと同様にごく初源的な存在になっていたんだ。」（Jean Genet, *Un captif amoureux*, Gallimard, 1986, pp.401-405［ジャン・ジュネ『恋する虜』海老坂武・鵜飼哲訳、人文書院、四六二〜四六八頁］

☆16 井上達夫「公共性としての正義」『哲学』第五二号（二〇〇一年四月）、一五頁。
☆17 この問題に関しては、本書第I章、とくに「正義、そのアウシュヴィッツ以後」を参照されたい。
☆18 Hannah Arendt, *The Origins of Totalitarianism, op.cit.*, p.270［H・アーレント『全体主義の起原2』、前掲書、二四二頁］
☆19 Maurice Blanchot, *La communauté inavouable*, Minuit, 1983, p.25［M・ブランショ『明かしえぬ共同体』西谷修訳、ちくま学芸文庫、三二頁］
☆20 Jacques Derrida, *Foi et savoir, op.cit.*, p.98.
☆21 フランス語の共同体（communauté）に含まれる「共通の」（commun）や「一体となって」（comme un）という閉じられた響きとは対蹠的に、ドイツ語の公共性（Öffentlichkeit）にはだれにもアクセス可能な公開性のニュアンスが顕著である。
☆22 Robert Antelme, *L'Espèce humaine*, Gallimard, 1957, p.164［R・アンテルム『人類』右京頼三訳、未來社、二〇五頁］
☆23 死の切迫は、自己利害の放棄をもたらす場合がある。ここにハイデガーの「死への存在」をめぐる議論を喚起することは、無駄ではあるまい。「死とは、およそなにかに関わり合ういかなる態度も、いかなる実存も、すべて不可能になることの可能性なのである」。「死への先駆（Vorlaufen）は、おのれのもっとも極端な可能性が自己放棄であることを実存に開示し、このようにして、ひとがそのつど達成した実存へのいかなる固執をも打ちくだく」（Martin Heidegger, *Sein und Zeit, op.cit.*, p.262, p.264［『存在と時間』、前掲書、五三節、五八頁、六一頁］）。だがハイデガーにあっては、こうした関心の放棄——むろんそれは関心の欠如態としての関心のあり方であるのだが——は、日常的現存在が属する非本来的存在様式、すなわち世間の「公開性」からの離脱と現存在の孤独化をもたらすことはあっても、公共性の極限的可能性をもたらすものとしては、考えられていない。

☆24 Claude Lanzmann, *Shoah*, Fayard, 1985, p.180［C・ランズマン『ショアー』高橋武智訳、作品社、三六三頁］

☆25 Robert Antelme, *L'Espèce humaine, op.cit.*, p.71［R・アンテルム『人類』、前掲書、八六頁］

☆26 *Ibid.*, p.101［同書、一二五頁］

☆27 *Ibid.*［同頁］。ブリュノ・シャウアは、この逆説をアンテルムの「神なき神秘」と呼ぶ。「全面的な恥辱の中にレジスタンスの究極の核がいまだ存在している。」(Bruno Chaouat, "Ce que chier veut dire", *Revue des Sciences humaines*, N°261, 2001, p.155.

☆28 Jean-Luc Nancy, *La communauté désœuvrée, op.cit.*, pp.87-88［ジャン＝リュック・ナンシー『無為の共同体』、前掲書、六四頁］。ナンシーはこの節につけた注の中で、アンテルムの次のテクストを引用している。「共同体の本質的な、原本質的なこの抵抗について——それを肯定することはどんな「オプティミズム」に依るのでもなく、真実にもとづいており、その真実はもろもろの限界の経験に依っているのだが——、ロベール・アンテルムによる、ナチの強制収容所に囚われていたときの物語ほど優れた証言はないだろう。その中でも次の行を喚起しておきたい。『SSがわれわれを、われわれの外見がどう見ても示しているような無差別と無責任の姿におとしめたと思えば思うほど、われわれの共同体は、じつはよりいっそうの区別と品位を含み、しかもこの区別はますます厳密なものとなる。収容所の人間は差異の撤廃ではない。それは逆に差異が現実のものとして実現することなのである。』」

☆29 Robert Antelme, *op.cit.*, p.11［R・アンテルム『人類』、前掲書、七頁］

☆30 Maurice Blanchot, *L'Entretien infini*, Gallimard, 1969, p.196. この引用部分については、Hiroshi Taniguchi, "Ce qui apparaît à la limite de la négativité", in *Études de langue et littérature françaises*, N°72, 1998 をも参照されたい。

☆31 Cf. Maurice Blanchot, *L'Écriture du désastre*, Gallimard, 1980. この本でもブランショは、アンテルムの経験について "égoïsme sans égo" という表現を用いている（p.133）。

☆32 Robert Antelme, *L'Espèce humaine, op.cit.*, p.289［R・アンテルム『人類』、前掲書、三六九頁］。これはパンを共有することなく、移送中の列車内で死んでいった仲間との、共有なき共有であり、不可能な連帯である。だが、ナンシーによれば、他者の死という共有不可能なものこそが「共同体」を共同体たらしめるものである。「共同体は他者の死のなかに顕になる。［……］共同体はつねに他者によって、そして他者にとって生じるものである。［……］可死的な存在どもの真の共同体、ないし共同体としての死は、存在どもの不可能な合一（communion）である」(Jean-Luc Nancy, *La communauté désœuvrée, op.cit.*, p.42［ジャン゠リュック・ナンシー『無為の共同体』、前掲書、二八頁］)。

☆33 Robert Antelme, *Ibid.*, p.229［R・アンテルム『人類』、前掲書、二九一頁］

☆34 Robert Antelme, *Ibid.*, pp.229-230［同書、二九二頁］

☆35 Maurice Blanchot, *La communauté inavouable*, Minuit, 1983, pp.52-54［M・ブランショ『明かしえぬ共同体』、前掲書、六四～六七頁］

☆36 ジャン゠リュック・ナンシーはバタイユの共同体を、労働（œuvre）ではなく、その中断（désœuvrement：無為）から出発して、説明する。この「無為の共同体」を、アーレントのいう「政治領域」――それは労働を中核とする社会領域から区別される――と接近させることは、不可能ではない。後者が利害の切断によって成立するように、前者は、ここでもなお「企て」の不在を特徴としているからである。「共同体は、いわば共同体の不可能性を引き受け、刻みこむ［……］。共同体というものはなんらかの融合の企てでもなければ、一般的にある生産的、操作的企てでもない――端的に企てなどではない

(ここにこそ、「民族の精神」との根本的な違いがある。「民族の精神」は、ヘーゲルからハイデガーにいたるまで、集合体を企てとしてかたどってきたのであり、また入れかわりに、企てを集合的なものとしてかたどってきたものである)。」(Jean-Luc Nancy, *op.cit.*, p.42〔ジャン=リュック・ナンシー『無為の共同体』、前掲書、二八〜二九頁〕)

☆37 Louis-Ferdinand Céline, *Féerie pour une autre fois II*, in *Romans IV*, Gallimard, Bibliothèque de la Pléiade, 1954, 1993, p.343.

あとがき

脱構築と公共性の思考は、モラルや他者の問題、そして主体の解体をとおして、いくつもの点で接近し、交錯し、また離反していく。その錯綜した関係はいまだ完全には明らかになっていない。本書では、デリダとアーレントのあいだに、衝突や食い違いがありながらも、存在したかもしれない対話を想定し、同じ問題を異なる角度からとらえつつ、議論を交わしてみることを試みた。

その作業の出発点にあったのは、デリダとアーレントのあいだには対立する点より共有する点の方が多いという筆者の確信であった。アーレントの一連の著作、たとえば『人間の条件』では他者の存在による「主体」の脱構築が部分的ながら敢行されているし、『革命について』も政治的なものの形而上学的基礎づけについての巨大な脱構築の作業を含んでいる。デリダは近年ますますアーレントを——一定の留保をつけながらも——引用するようになっているが、最近の南アフリカにおける「真実和解委員会」への注目は、暴力的な起源をもつ共同体においてなお暴力の反復に陥らない公共空間を開くことができるかという問いに直結している。デリダにおいても、アーレントの問題設定は重要な参照項として開かれている。結局のところ、公共性を考えるとは、他者の呼びかけに応じて、自己中心性を突破する可能性を探ることと異なるものではない。この課題を、デリダとアーレントが共有していることはまちがいない。ともすれば陥りがちな対立図式に終始することなく、脱構築と公共性の二つの問題圏が実り多い形で重なり合うことができたかどうかは、読者諸賢の判断にゆだねたい。

忠実なデリダの読み手たらんとしていた筆者に公共性の問題を考えるきっかけを与えてくれたのは、ここ数年来、東北大学で続いている「PS研究会」の仲間である。若き研究者の集うこの研究会で、本書の元となるものを発表し、公共的な討論にそれをさらすことができたのは、幸いであった。この研究会自体の成果は、別の形でまとめ、世に問いたいと考えている。また、第Ⅲ章の西部劇論は、二〇〇一年の東北大学大学院における講義をベースにして書かれている。アメリカで起きたテロ事件の余波のもと、国際政治の舞台で出来の悪い西部劇のシナリオが堂々とまかり通る状況で、「もう一つの」輝かしい西部劇の伝統を喚起しておくのは無駄ではあるまいと思われた。いずれも活字の形では未発表のものであることをお断りしておく。

国家や既成の権力機構に回収されるがままにならない「公共性」、人びとに私的幸福ではなく公的な自由と倫理を与える公共空間――その可能性がいま問われている。それは、そうした「次元」がいま後退しつつあるからである。いわゆる「政治」が人びとの生活のあらゆる局面に介入してくる一方で、他者との共在を律する政治的次元が損なわれ、忘却されていく。グローバリゼーションのうねりやネオリベラリズムの主張は、政治の問題を市場原理にゆだねる点において、つまり利害関係になにもかも還元してしまう点において、公共性の余地を奪う方向に進んでいる。だれもが「自己にとって最大の利益はなにか」という原理で行動するとき、そこに倫理も正義も存在しない。二十一世紀はじめにニューヨークを襲った同時多発テロ事件とその後の世界の対応は、戦争や国際協調というものが、ただひたすら各国の利害追求と「敵の損失が自分の利益である」というゼロサム社会の損得計算にもとづいていることを暴露した。モラルなき利害計算に対置すべきは、曖昧な利他主義や同情《コンパッション》ではなく(それは容易に利己主義に反転させられてしまう)、また安易な共同幻想をかきたてることでもなく、利害の論理を切断する場を開き、そこでの公的な人びとの集まりを確保することである。結局、公共性の問題とは、人びとが必要や欲求充足の次元を超え、暴力や利害関係を超えて、いまなお共に生きる次元を見いだすことができるか、いかなる超越的な価値や原理も要請することなしに、なお「ただ自己の生存にのみ終始する生」をはみ出していく過剰を肯定できるか、という問いかけである。国際政治や戦争が自己利害の貫徹としてますます語られるようになっている現在、そうした政治的次元が後退しているのはほぼまちがいない。公共性がいまなお問題にされ続けなければならないのは、この後退が決定的なものかどうか、まだ明確ではないからであり、この後退を取りもどす責任がわれわれにないとは言い切れないからである。

校正刷を読んでアドヴァイスを寄せてくださった齋藤純一氏をはじめ、本ができる過程でお世話になった人は多く、とても数え上げることなどできそうにない。だがこの人にだけは謝辞を述べずにはいられない。本書をまとめるきっかけを与えてくれたばかりか、行き届いたチェックや内容に踏み込んだアドヴァイスを与えてくれた松籟社の竹中尚史氏には、ほんとうにお礼の言葉もないほどお世話になった。複数であることは、この地球の掟であるばかりでなく、書物の法でもあることをあらためて認識させていただいた。

二〇〇二年二月

梅木　達郎

著者紹介
梅木 達郎 ［うめき・たつろう］ UMEKI Tatsuro
1957年生。東北大学大学院国際文化研究科助教授。専門はフランス現代文学・現代思想。主要著書に、『放浪文学論――ジャン・ジュネの余白に』（東北大学出版会）、『セリーヌを読む』（共著、国書刊行会）、主要翻訳に、ミッシェル・ドゥギー『尽き果てることなきものへ』（松籟社）、ドゥギー他著『崇高とは何か』（法政大学出版局）、L-F・セリーヌ『ノルマンス』（国書刊行会）がある。

脱構築《だつこうちく》と公共性《こうきょうせい》

2002年3月20日 初版発行

定価はカバーに表示しています

著　者　　梅木 達郎
発行者　　相坂　一

〒612-0801 京都市伏見区深草正覚町1-34
発行所 ㈱ 松 籟 社
SHORAISHA（しょうらいしゃ）

電話 075 - 531 - 2878
Fax 075 - 532 - 2309
振替 01040-3-13030

印刷 ㈱ 太 洋 社
製本 吉田三誠堂製本所

Printed in Japan

 ISBN 4-87984-219-2 C0010